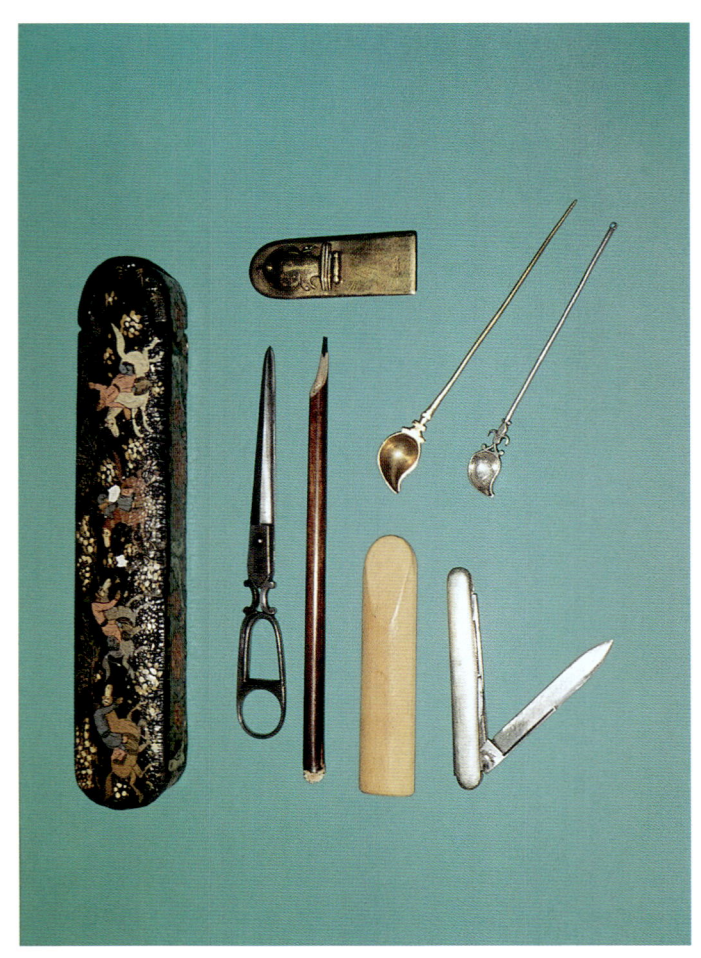

伝統的な手紙用具

ترسل در فارسی امروز

ペルシア語手紙の書き方

藤元優子
ハーシェム・ラジャブザーデ 共著

東京 **大学書林** 発行

はしがき

　イランは、最古の世界帝国揺籃の地であり、ペルシア語も、イスラーム世界の東半分、いわゆる「イラン文化圏」で、歴史を通じて、最も重要な共通語のひとつであった。時が移り、世界帝国が遠い日の夢となっても、ペルシア語と、それを媒介とする文化は、普遍的価値をもつ貴重な財産として、イラン人の矜持を支えてきた。

　しかし、「書き言葉」としてのペルシア語は、今日でもイラン国民全員の共有するものではない。イラン政府の統計は、90年代の識字率を75パーセント以上としているが、単なる読み書きの能力の獲得と、文字を媒介とする文化の享受との間には、大きな溝が存在する。その意味で、ペルシア語の手紙からは、用件と共に、書き手の知性と教養の高低をも読み取ることができるのである。

　次に、この本を手にし、使ってみようとする人は、どうだろうか。少なくともペルシア語の初歩的な作文の能力があり、イランについても一通りの知識は持ち合わせている—それが、私たちの前提である。それゆえ、手紙に関すること以外の説明は、できる限り簡単にとどめた。

　手紙は一方的に書くだけでは済まされないから、外国人が余り使いこなせそうもない、かなり硬い表現の例文も取り入れた。相手がどんな立場で、自分にどの程度の敬意を示しているかを知ることは、コミュニケーションを成立させる上で、是非知っておく必要があるからである。達筆の手紙に慣れるため、実例もいくつか示した。また、イランで生活する場合も考えて、現地で必要な書類の例も挙げるようにした。

　巻末に付録として付けた手紙用語小辞典は、半田一郎著『英語手

紙の書き方』（大学書林、平成３年）の和英小辞典を下敷きに作成した。この部分だけを使っても、それなりの手紙は書けるように工夫してある。

電子メールに代表される通信方法の迅速化・多様化に伴って、古典的な手紙は、21世紀には過去の遺物として消えゆく運命にあるのかもしれない。しかし、そんな時代にこそ、歴史の激流の中をしなやかに、したたかに生き延びてきたペルシア語と、その手紙の文化を上梓することができたことを、私たちは本当にうれしく感じている。

本書の執筆は、基本的に、ラジャブザーデのペルシア語原稿を、藤元が翻訳・編集する形で進めたが、日本人向けに削除や付加を施した部分も少なくない。イランでも良質の手引書がないため、欲張って膨らみがちな内容を、スリムな形にするために、思いがけない労力と時間を費やした。その間、辛抱強く待って下さった大学書林の佐藤政人氏はじめ、編集の皆様に、心からお礼申し上げげたい。

2000年５月

藤元　優子

ハーシェム・ラジャブザーデ

目次

はしがき……i
目次……iii
主要参考文献……viii

Ⅰ．ペルシア語の手紙の予備知識……1
§１．ペルシア語の手紙の伝統……1
§２．手紙の種類……4
§３．手紙の用具……6
1. 用紙（7）—2. 筆記用具（8）—3. 封筒（8）
§４．書き始めから投函まで
—日本語の手紙と比べながら—……9

Ⅱ．手紙の構成と形式……14
§１．社交文の構成と形式……14
1. 社交文の構成……14
2. 各構成要素について……20
◆頭書　① 日付（と場所）（20）
◆呼びかけ　② 敬称と宛名（21）
◆前文　③～⑤ 書き出し（25）— ⑥ 先方の挨拶への返事（26）— ⑦ 当方の安否（27）
◆主文　⑧ 起辞（28）— ⑨ 本題（29）

— iii —

◆末文　⑩主文を外れる（29）—⑪助力の約束（30）—⑫
　　　他の人からの伝言（31）—⑬当方からの伝言（32）—⑭
　　　返信と再会の希望（34）—⑮終句（35）—⑯結辞（38）
　　　◆後付け　⑰記名と署名（39）
　　　◆添え書き　⑱追伸（40）
　　3. お決まりの表現ガイド 42
　§2. 公用文の構成と形式 45
　　1. 敬称（46）—2. 発信人の紹介（47）—3. 礼辞（47）—4. 起辞
　　（48）—5. 過去の通信への言及（48）—6. 用件（49）—7. 結辞
　　（49）—8. 署名（50）—9. 追伸（50）
　§3. 封筒の書き方 51
　§4. はがき・電報・メッセージ 53
　　1. はがき（53）—2. 名刺（54）—3. 電報（55）

Ⅲ. 手紙文の実際 57
　§1. おりにふれて出す手紙（احوال پرسی）............. 57
　　1. 消息を知らせる手紙 57
　　友人への手紙（58）— 先生への暑中見舞（60）— 友人の手紙
　　への返事（61）— 贈り物へのお礼（65）
　　2. 旅にまつわる手紙 66
　　訪問を待つ（66）— 旅行の日程を知らせる（67）— 旅行中止
　　を知らせる（68）— 旅行者に託す挨拶の手紙（70）— 会えな
　　かった友へ（70）— 友を送って（71）— 旅行から帰って（72）
　　— 留学先の先生への手紙（73）— 旅行用の小物を借りた相手
　　に礼を述べる（75）

§2．お祝いの手紙とその礼状（تبریک）..................76
　1．年賀状..76
　　印刷済み祝詞（80）— 市販のカードに添えるメッセージ（80）
　　— 手書きの年賀状（81）— 手紙の文頭および文末の新年の挨
　　拶（83）— 年頭に出す手紙（85）— 年賀状への返事（89）—
　　喪中欠礼の挨拶（90）
　2．クリスマスカードと西暦の年賀状......................92
　3．誕生日祝いとその礼状..................................93
　　友人の誕生日（93）— 姪の18歳の誕生日を祝う（94）
　4．合格祝いとその礼状....................................95
　5．結婚祝いとその礼状....................................96
　　友の結婚を祝う（96）— 結婚祝いへの礼状（97）— 親しい友
　　人の結婚を祝う（98）
　6．出産祝いとその礼状....................................99
　7．栄転祝いとその礼状...................................101
　　友の栄転を祝う（101）— 銀行頭取就任を祝う（102）— 新聞
　　に掲載された当選祝い（103）
　8．受賞祝いとその礼状...................................104
　9．新築祝いとその礼状...................................105
　10．イスラーム教関連のお祝い............................106
　　預言者の生誕記念日を祝う（106）— 断食明けの祭を祝う
　　（107）— ガディーレ・ホムの祭を祝う（108）

§3．招待の手紙とその返事（دعوت）.......................108
　　お茶の会に招待する（109）— 夕食に招く（110）— 子供の誕
　　生会に招く（112）— 友人の誕生会を開く（113）— 息子の壮

— v —

行会に招く（114）― 同窓会に招く（116）― 休暇に家へ招待する（116）― 在留邦人がイラン人の友人を招待する（117）― 講演会に招く（118）― 映画上映会に招待する（119）― 日本企業のテヘラン支店開店祝いへの招待（120）― 見本市のジャパン・デイへの招待（121）― 大使館への招待（122）

§4．推薦・紹介の手紙（معرفی）......................123
友人を紹介する（123）― 友人を紹介し、援助を頼む（124）― 名刺に書き添える短い紹介状（125）― 本人に持たせる紹介・推薦の手紙（126）

§5．申し込み・依頼・照会の手紙
（درخواست و مراجعه）.................128
入会を申し込む（128）― 講演会への参加を申し込む（130）― 書籍の購入を申し込む（131）― 新聞購読を申し込む（133）― カレンダーを申し込む（134）― 紹介を依頼する（134）― 借用を依頼する（135）― 銀行口座の保証人を依頼する（136）― 学校への成績の問い合わせ（137）― 英会話学校への問い合わせ（138）― 郵便切手の交換相手を求める（139）― 学術情報の問い合わせ（140）― 留学の問い合わせ（142）― 絨毯工場見学を問い合わせる（143）― イラン旅行の資料を求める（144）― ビザ取得のための案内を頼む（145）― 外国人管理局に証明書発行を頼む（146）― 電気料金の口座引き落としを頼む（147）― 技術者を求める（148）― 求職者の勤務歴を問い合わせる（149）

§6．お悔やみ・お見舞いの手紙とその礼状
（تسلیت و عیادت）..................150

1. お悔やみの手紙とその礼状............................150
父を亡くした友へ（151）― 妻を亡くした友へ（153）― 夫を亡くした女性へ（154）― 子供を失った友へ（156）― 祖父を亡くした友へ（157）― 一般的な悔やみ状／弔電と礼状（158）― 新聞に掲載された死亡通知と弔慰広告（159）― 会葬・弔問御礼の広告（160）

2. お見舞いの手紙とその礼状............................161
病気見舞い（161）― 災害見舞い（163）― 地震見舞い（164）

§7. 通知の手紙 (اطلاع)..............................166
住所変更通知（166）― 親しい間柄に送る住所変更通知（167）― 転勤通知（167）― 転職通知（168）― 会社移転通知（168）― 結婚通知（169）― 子供の誕生を知らせる（170）― 病気全快の通知（171）― 子供の欠席届（171）― 借りた本の返却を知らせる（172）― 本の到着を知らせる（173）― 献本の通知（174）― 献本到着を知らせる（175）― 論文到着を知らせる（176）― 留学に関する大学からの返事（178）

§8. 催促・苦情・抗議の手紙 (تقاضا و شکایت)........179
保証金返還を求める（179）― 保証金返還を再度求める（180）― 手付け金の返却を求める（180）― 雑誌未着の苦情（181）― 雑誌記事に関する投書（182）― 入居者へのお願い（183）― 市役所への苦情（185）― 電話局への苦情（186）― 水道局への苦情（187）

§9. ペンフレンドとの文通 (دوست مکاتبه ای)........188
ペンフレンド紹介を依頼する（188）― ペンフレンドへの初めての手紙（189）― ペンフレンドへの返事（191）

§10. 書式・諸届 194
　　1.履歴書（194）— 2.売上伝票（202）— 3.請求書（204）—
　　4.送金通知（207）— 5.領収書（208）— 6.証明書（209）—
　　7.アンケート（211）— 8.広告（214）

Ⅳ. 付録 216
　§1. 自他称対照表 216
　§2. 手紙用語小辞典 222
　§3. 献辞の書き方 276
　§4. 美しい手紙の例 277

主要参考文献

انشای بهار عجم، کانپور (هند)، ۱۰۹۲.

امیر نظام گروسی، حسنعلیخان: منشآت، تهران، ۱۳۲۲.

بهاء الدین محمد بن حسن بن اسفندیار کاتب: تاریخ طبرستان، تصحیح عباس اقبال، تهران، ۱۳۲۰.

بهاء الدین منشی: التوسل الی الترسل، تصحیح احمد بهمنیار، تهران، ۱۳۱۵.

بهار، محمد تقی: سبک شناسی، تهران، ۱۳۳۷ (چاپ دوم).

بیهقی، ابوالفضل: تاریخ بیهقی، تصحیح غنی و فیاض، تهران، ۱۳۲۴.

خاقانی: منشآت خاقانی، تصحیح محمد روشن، تهران، ۱۳۴۹.

خوئی، حسن بن عبد المؤمن: غنیه الکاتب و منیه الطالب، و رسوم الرسائل و نجوم الفضائل، تصحیح عدنان صادق ارزی، آنکارا، ۱۹۶۳.

خیام: نوروزنامه (منسوب به خیام)، تصحیح مجتبی مینوی، تهران، ۱۳۱۲.

دستور *الملوک*، تصحیح محمد تقی دانش پژوه، ضمیمه مجله دانشکده ادبیات دانشگاه تهران، سال ۱۶، صص. ۶ – ۵، ۱۳۴۷.
دهخدا، علی اکبر: *امثال و حکم فارسی*.
رشید الدین فضل الله همدانی: *مکاتیب*، تصحیح محمد شفیع، لاهور، ۱۹۴۵.
رشید الدین وطواط: *نامه‌های رشید الدین وطواط*، تصحیح قاسم تویسرکانی، تهران، ۱۳۳۸.
سجادی، سید جعفر: *فرهنگ معارف اسلامی*، تهران، ۱۳۶۳ – ۱۳۶۲.
سنائی: *نامه‌های سنائی*، تصحیح نذیر احمد، رامپور، ۱۹۶۲.
شاردن، جی: *سیاحتنامهٔ شاردن*، ترجمهٔ محمد عباسی، تهران، ۴۵ – ۱۳۳۵، ج ۴.
صدر الدین ابوالفضل سید محمد حسینی: *مکتوبات صدرالدین ابوالفضل*، حیدرآباد، ۱۹۴۳.
عزیزی: *رقعات عزیزی*، کانپور (هند)، ۱۸۹۵.
علامی، ابوالفضل: *رقعات ابو الفضل علامی*، کانپور، ۱۸۸۶.
عماد الدین، خواجه محمود گاوان ملقب به صدر جهان: *ریاض الانشاء*، به اهتمام غلام یزدانی، حیدر آباد دکن، ۱۹۴۸.
عنصر المعالی کیکاووس: *قابوس نامه*، تصحیح غلامحسین یوسفی، تهران، ۱۲۴۵.
عین القضات همدانی: *نامه‌های عین القضات*، تصحیح علینقی منزوی و احمد عسران، تهران، ۱۳۵۰ – ۱۳۴۸.
غزالی، احمد: *مکاتبات خواجه احمد غزالی با عین القضات*، تصحیح نصر الله پور جوادی، تهران، ۱۳۵۶.
غزالی، ابو حامد محمد بن محمد: *فضائل الانام من رسائل حجة*

الاسلام (مکاتیب) ، تصحیح عباس اقبال، تهران، ۱۳۳۳.
قائم مقام فراهانی، میرزا ابوالقاسم: *منشآت*، تهران، ۱۳۳۷.
قائم مقامی، جهانگیر: *یکصد و پنجاه سند تاریخی از جلایریان تا پهلوی*، تهران، ۱۳۴۸.
کلهر، محمد رضا: *مخزن الانشاء*، تهران، ۱۳۰۳ ه. ق.
مجد الدین محمد معصوم : *مکتوبات خواجه مجدالدین محمد معصوم*، کانپور، ۱۸۸۷.
المختارات من الرسائل، تصحیح ایرج افشار، تهران، ۱۳۵۵.
معین، محمد؛ *فرهنگ فارسی*.
منیری، شرف الدین یحیی: *مکتوبات شیخ شرف الدین یحیی منیری*، کانپور، ۱۹۵۰.
مولوی: *مکاتبات مولانا جلال الدین*، استانبول، ۱۹۳۷.
میهنی، محمد بن عبدالخالق: *دستور دبیری*، تصحیح عدنان ارزی، آنکارا، ۱۹۶۲.
نخجوانی، محمد بن هندوشاه : *دستورالکاتب فی تعیین المراتب*، تصحیح ع. علی زاده، مسکو، ۱۹۶۴ و ۱۹۷۱ و ۱۹۷۶.
نظامی عروضی: *چهار مقاله*، تصحیح محمد معین، تهران، ۱۳۴۸.

新木田天平編　『すぐに役立つ手紙の書き方と模範文例』
　新星出版社　1989年
中川越　『完全手紙書き方事典』
　講談社＋α文庫　1996年（第５版）
半田一郎　『英語手紙の書き方』
　大学書林　平成３年（第74版）

I．ペルシア語の手紙の予備知識

§1．ペルシア語の手紙の伝統

　ペルシア語の金言に、「手紙は訪問の半分である」とか、「手紙は二度目の訪問である」とある[1]ように、社交好きのイラン人は、古来、手紙にまつわる文化を大切に育んできた。既にササン朝時代には、『手紙作法』なる書物が中世ペルシア語で書かれていたし、[2]書簡文範（ترسّل）が古典文学の主要ジャンルのひとつに数えられることからも、かれらの手紙への思い入れの強さが知られるだろう。

　現存する最古の近世ペルシア語の手紙は、西暦 10 世紀に遡る。当時の簡潔で流麗な形式と文体からは、イスラーム時代初のイラン民族王朝、サーマーン朝下での、ペルシア語とペルシア文学の復興・発展の息吹が感じられる。

　その後、アラビア語の影響の大小や、社会的、政治的、歴史的な状況の変化に伴い、手紙の形式と文体は、簡素と華美の間を行きつ戻りつした。

　たとえば、サファヴィー朝時代（1501 年－1732 年）は、最も凝った文体が流行した時代で、中には華麗さを競う余り、文意の

1　دهخدا، امثال و حکم، ص. ۲۷۳.

2　ثابتیان، ذ.: اسناد و نامه های تاریخی دورهٔ صفویه، تهران، ۱۳۴۳، ص. ۲۶.

通らぬ手紙も少なくなかった。フランス人の商人で、この時代にイランを訪れたシャルダンは、「商用文、私信、また請願書でも議事録でも、その礼儀作法たるもの、口頭のそれよりも格段に厳密で詳細なものである。…そして、商人から国王まで各々の敬称が模範文集に記されているし、書記と呼ばれるには、この種の書物の内容をそらんじている必要がある」と記している。[3]

自然さと簡潔性を好しとする今日の手紙は、カージャール朝初期に、ミールザー・カーイェム・マカーム（1835年没）主導で起こった「文芸復興運動」以来の現代散文の流れに沿ったものだが、それでも、一定の形式と礼儀は尊重すべきものと考えられている。それは、学校制度が敷かれる以前のイランの寺子屋（マクタブ）で、コーランやペルシア語の本に加えて、教材として「家庭にあった手紙を並べて張り付け、一貫の巻物にした。子供はそれを読むことで、いろいろな書体を知り、手紙の書き方をも覚えたものだった」[4]という伝統が、多かれ少なかれ現代にまで継承されているためである。

次に、現代の手紙の基礎となった伝統的形式について、簡単に紹介しておく。

社交文は古くは اخوانیات（兄弟間のように親密な手紙の意）と呼ばれた。手紙はほかに、دیوانیات（公用文、官庁組織が دیوان と呼ばれていたことによる）や سلطانیات（勅令）などに分類され

---

3 سیاحت نامه شاردن، جلد چهارم، صص. ۶۴ - ۱۶۳.

4 کتیرائی، محمود: از خشت تا خشت، تهران، ۱۳۴۸، ص. ۷۶.

たが、書記の手になる書簡文範には、この「兄弟の」手紙もかなり含まれるのがふつうだった。

手紙の始めに来る頭語を دیباچه، سرنامه، عنوان، مطلع と言い、一昔前までは、長々と華々しく綴られたものだった。頭語は、神への賞賛 (تحمیدیه)、相手の名前を含む敬称 (عناوین اصیل)、称号 (القاب)、および祈り (دعا) の4つの部分で構成されていた。この後に安否の挨拶 (تقدیم خدمت) と感謝やお詫びの挨拶 (شرح اشتیاق：文字どおりには、熱意の表明) がきた。

神への賞賛、敬称、および祈りは、あらゆる手紙の書き出しに使われた。中でも神への賞賛は、手紙、文書、本の始めにふさわしく、めでたいものであると見なされて、現在でも社交文に、また近年では商用、公用文にも使われる。هو، بسم الله الرحمن الرحیم، بسمه تعالی といったアラビア語が多いが、ペルシア語で書く人もあって、その場合は、بهنام خدا とか、詩の半句の形で بهنام خداوند や بهنام خداوند جان آفرین や جان و خرد などが、最も一般的である。

安否の挨拶と感謝やお詫びの挨拶も、古来社交文の不可欠な要素のひとつに数えられてきた。挨拶状などでは、これが手紙の主要部をなすわけである。

本文を導く起辞には、たいてい短く親しみをこめた表現が使われた。今でも عرض کند که といった言い方が使われる。より親しい間柄では、カーイェム・マカームが用いた、مهربان من، قربانت شوم، نور چشما などといった表現が、現代でも大方に支持されている。[5]

---

5 カーイェム・マカームの手紙の実例がⅣ章3節にある。

「兄弟の」手紙では、筆をとった理由として、相手方への友情や真心が書き綴られた後、زیاده زحمت نمی‌دهد، زیاده سلامتی، باری といった表現がきた。これらは、現在でも末文を導く表現として使われている。

また、相手方に奉仕の念を伝えることは、手紙の礼儀のひとつであった。目下の相手には、返信を求めたり、音信を保つことを期待したりする言葉も加えられた。

知人たちへの伝言は、一々名前を挙げて、親しみを込めた調子で書かれた。

社交文の結語の型としては、دولت مخلّد باد، دولت دائم باد، دولت مستدام باد といった簡潔な言い回しが、現在でも使われている。[6]

§2. 手紙の種類

手紙の分類には様々な方法があるが、発信人と受取人の社会的関係によって、ごく大まかに次のように分けることができる。ただし、本書では主に (1)、(2)、および (4) を取り扱うことになる。

(1) 社交文

友人や知り合いの間で交わされる手紙。この種の手紙は、折に

---

6 دولت は、この場合、幸運を意味する。

ふれて出される挨拶だけの場合もあれば、お礼や願い事といったほかの目的を併せ持つ場合もある。また、お祝い、お悔やみ、招待など、特別な機会に送られる手紙やメッセージもある。この種の手紙は一種の義務であり、社交上の礼儀であるとみなされる。

⑵ 公用文

個人や団体から、公的団体あるいは公的地位にある個人に宛てて書かれる手紙。

⑶ 商用文

業務上、業者や会社組織間でやり取りされる手紙のこと。商用文は、その枠組み、形式、修辞の点では公用文に近く、ふつう、番号と日付をつけて会社の帳簿に記録される。

商用文は昔は仲間の商人同士や、商売相手との通信に使われ、社交文の範疇に入れられたが、商業活動の広域化、多様化と、今日の企業組織の裾野の広がりに伴って、特定のグループと考えられるようになった。

⑷ 半公用文・半商用文

報道機関やマスコミへの投書、子供の学校への問い合わせや通知など、個人的な社交文ではないが、公用文というほど正式でもない手紙を、ここでは半公用文と呼ぶ。

また、商取引ではない、個人的な金銭授受の書類などは、同じように半商用文と名付けることができる。

(5) 公開書簡

新聞に掲載されたり、声明の形で出版されたりする、社会的な内容をもつ手紙。

また、文学にまで目を広げれば：
(6) 文学的な手紙（書簡文学）

書き手が一つの主題について手紙の形で述べたもので、社会的、教育的、批評的、あるいは恋愛的作品として、風刺的または真面目な調子を持ちうるものである。古典作品の中には、この書簡文学の作品例の数々がある。中でも有名なアイノル・コザート[7]の書簡集は、神秘主義や神学の主題を扱ったものである。現代作家の中にも書簡文学の作品がみられる。たとえば、サイード・ナフィースイーの『ファランギース』（1932年）は六十通余りの手紙を含んでいる。

§3. 手紙の用具

手紙にどんな用紙、封筒、ペンを選び、封筒にどう収めるか、また、切手をどう貼るかにまで、書き手の人柄や先方への心遣いの程がはっきりと表れるものである。

---

7 عين القضاة همداني （1098–1131）：高名な神秘主義哲学者。アラビア語・ペルシア語による神秘主義に関する著作のほか、مكتوبات と題されたペルシア語の書簡集も残している。

1．用紙

手紙には、白い簡素な紙を選ぶほうがよい。目上や尊敬する人への手紙は、大きめの、良質で地味な便箋に書く。お祝いやお悔やみといった社交上の手紙も同様である。これ以外の、折に触れての友人への手紙などは、小さめの便箋に書いてもよい。

官公庁や会社では、その組織の住所と名称（と日付と番号と同封物）を便箋の上部（または、名称を上部、住所を下部）に印刷済みである。この種の便箋を عنوان دار とか سربرگ دار とか呼ぶ。

また、個人で住所氏名付の便箋を作る場合、欧米では住所氏名を便箋の上部に印刷するが、イランでは謙遜の気持ちから下部に記される。

友人への国際郵便には、航空書簡（aerogramme）を使うことができる。しかし、目上やあまり親しくない人への手紙、公用、半公用文などは、封書にした方がよい。

短いメッセージは、はがきに書くこともできる。また、出先で急に短い伝言が必要になった場合は、名刺の表や裏に書いてもよい。たとえば、友人を訪問したが、不在であった時などがそうである。

2．筆記用具

　手紙を手書きするか、ワープロで打つかの判断基準は、日本語の場合とほぼ同じであると考えてよい。つまり、公用、商用文ではワープロが普通だが、社交文では手書きの方が好まれる。もしワープロで社交文を書くとしても、サインの前にでも一言、自筆の言葉を付け加えることをお勧めする。

　手書きの際、鉛筆は使うべきではない。同輩や友人の範囲なら、ボールペンで書いてもよいが、目上の相手や正式な手紙には、万年筆を使うのが適当である。

　インクの色は暗色（青か黒）がふさわしい。数年前までは、紫色のインクもよく使われた。赤インクを使ってはならないのは、日本の場合と同じである。

　はがきや、封筒の宛名書きには、油性のペンを使って、雨水などによるにじみや汚れを防ぐ心遣いも必要である。

3．封筒

　封筒は便箋に合った色、サイズを選ぶ。便箋の折り方にも、気をつけ、封筒の大きさに合わせて、折り目がきっちり重なるように折ろう。また、折り直しの線が残って見苦しくならないように注意しよう。切手も、できれば記念切手を貼れば、喜んでもらえるだろう。

§4．書き始めから投函まで
―日本語の手紙と比べながら―

　手紙は、言うまでもなく、コミュニケーションの一手段である。ただ、会話と決定的に異なるのは、相手の反応を見ながら同時進行的な働きかけができない点と、表情など言語以外の要素の助けを得にくいという点だろう。また、書かれたものは記録として残るという事実も忘れてはならない。

　次に、ペルシア語の手紙について、少し限定的に考えると、次のような特色が挙げられる：
(1) ペルシア語の手紙の形式や表現のルールには、日本語のそれに勝るとも劣らない厳しさがある。
(2) とくに敬語表現には、目を見張るほどのヴァリエーションがあり、相手との関係によって微妙に表現を変えていく。

　もちろん、私たちが外国人としてペルシア語で手紙を書く場合、最も大切なのは、素直な文章で用件を明確に述べることである。背伸びをして凝った文章を書いたつもりが、実は候文と現代語の入り交じった滑稽な手紙になっていたというのでは、骨折り損のくたびれ儲けである。相手のイラン人にしても、外国人から完璧なペルシア語の手紙を受け取ろうとは期待していないだろう。

　しかし、一方で、イラン人が「手紙」一般に想定している要素―いわゆる常識―を踏み外さぬに越したことがないのも、また事実である。本音だけでなく建て前を大切にし、名誉を重んじ恥を嫌う、というイランの人々の気質を考えれば、なおさらのことで

ある。手紙は、見た目も表現も、先方にふさわしいものであって初めて、その中身を真剣に検討してもらえるものである。

　そこで、一般的な手紙に関する注意点と重なる部分も多かろうが、ペルシア語の手紙の礼儀を、順を追って考えてみよう。

　(1) 便箋、封筒、筆記用具の選び方に注意する。(第1項参照)
　(2) 昔の手紙は、左右や上下に広い余白を残しておき、紙の終わりにくると、続きを余白に斜めに書いたものであった。今日では、用紙の上下左右に適当な余白を残し、親しい人への手紙でない限り、余白には何も書かない。

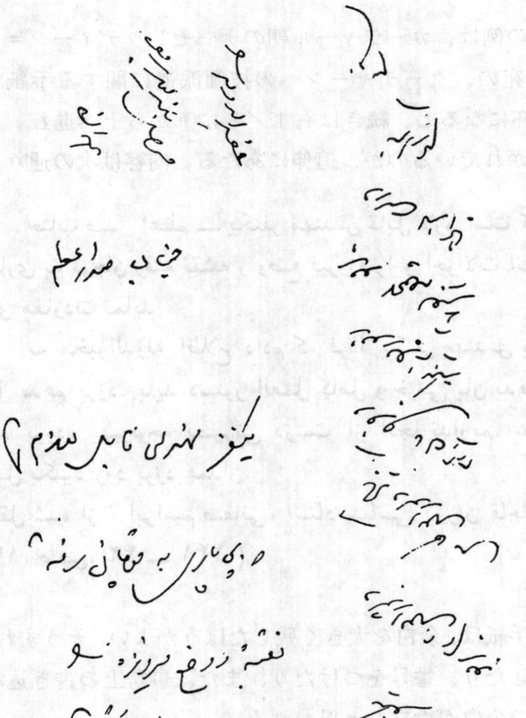

よく用いられた用紙の使い方の例

前ページの例は、カージャール朝のナーセレッディーン＝シャーから宰相宛の、クーチャーンへの技師派遣に関する手紙。左2／3が一杯になると、続きは右1／3に下から上へ進む。上部に垂直に書かれているのが、追伸にあたる。内容は次の通り：

جناب صدر اعظم ــ یکنفر مهندس قابل لازم است که بچاپاری به قوچان رفته نقشه و وضع فیروزه را و احوالات آنجا را نوشته بزودی معاودت نماید.
به مخبرالدوله اطلاع دادم که فردا یکنفر مهندس بیاورد دستورالعمل بدهم برود. باید دستورالعمل کامل و خرجی بآن بدهید زود روانه بکنید برود، بهیچوجه بصیرتی درست از آنجا نداریم. عضدالدوله را محصّل بکنید زود برود همدان.
(نقل شده از: ابراهیم صفائی، اسناد سیاسی دوران قاجاریه، تهران، ۱۳۵۲، صص. ۴۲ ــ ۲۴۱).

事務的な手紙は、余白を大きく残したほうがよい。そうすれば、手紙を登録したり、番号をつけたり、また、事務上の書き込みをするのにこの余白が役立つと思われる。

(3) 事務的な手紙には、自分の住所と電話番号を最後に加えるようにする。さもないと、先方が封筒を保管しなかった場合、返事をもらえなくなるかもしれない。

(4) タイプやワープロを打つ場合、様式は英語の場合ほど厳密ではないが、宛名はブロック・スタイル、本文はインデント・スタイルで、各段落の始めは5字程度左に寄せるという折衷式が一

般的である。手書きの場合も、これに準ずる。

　ワープロを使う場合、行末の始末にも気をつけよう。ペルシア語の場合、語を引き延ばしての微調整は困難ではないのだから、接頭辞مىが行末に取り残されたり、複数辞のهاや、接尾形人称代名詞だけが文頭に孤立するのは避けた方がよい。

　(5) いきなり書き始めるのではなく、下書きをし、推敲してから清書するのが、結局は時間の節約になることが多い。綴りは正確に、丁寧に書く。とくに、先方の名前など、間違うと失礼になる語には注意が必要である。また、口語と文語を混在させるよりは、文語で、統一性のある自然な文章を心がける方がよい。

　(6) 先方の性格や、自分との関係を念頭に置きながら、できる限り簡潔な文章で、誠意を込めて書くことが大切である。「親しき中にも礼儀あり」だが、相手に媚びを売る必要もない。

　(7) 社交文では、悪い知らせや、相手の気分を害するような物言いを、できるだけしないようにする。また、ポストに入れてから後悔しないように、誤解を生じるような曖昧な表現は避けよう。

　(8) ペルシア語の手紙に色を添えるのは、今も昔も詩の対句である（第Ⅲ章例文30参照）。私たち日本人には、詩を挿入することまではむずかしいとしても、日本の諺や、詩歌の一片などを使って、自分なりの「スパイス」をきかせれば、先方のお気に召すこと、これ疑いない。

　(9) 日本では、1枚で終わってしまった手紙には、白紙の便箋を1枚付け加えるのを礼儀とする向きもあるが、イランにこの習慣はない。

Ⅱ. 手紙の構成と形式

§1. 社交文（نامه‌های اخوانی）の構成と形式

1. 社交文の構成

　ペルシア語の社交文の構成要素を挙げると、次のようになる。もちろん、すべての手紙が全要素を含んでいるというわけではなく、礼辞・結辞以外は、先方と当方の親しさの程度や用件によって、どの構成要素を使うかが異なってくる。

◆**頭書**
① 日付（と場所）（تاریخ و محل）
◆**呼びかけ**
② 敬称と宛名（خطاب یا عنوان نامه）
◆**前文**
③ 礼辞（تعارف یا سلام）
④ 先方の安否（احوال پرسی و بیان آرزوی نیک）
⑤ 先方の手紙の到着の通知（اعلام رسیدن نامه از طرف دیگر）
⑥ 先方の挨拶への返事（پاسخ دادن به تعارف طرف دیگر）
⑦ 当方の安否（اطلاع دادن از حال خود）
◆**主文**
⑧ 起辞（وارد شدن به مطلب）
⑨ 本題（بیان سخن و پیام نامه）

— 14 —

◆末文
⑩ 主文を外れる （بیرون آمدن از مطلب نامه）
⑪ 助力の約束

（آمادگی نشان دادن برای کمک به دوست و انجام دادن کار او）
⑫ 他の人からの伝言 （رساندن سلام دیگران به گیرندهٔ نامه）
⑬ 当方からの伝言

（سلام فرستادن به خویشان و نزدیکان گیرندهٔ نامه و به دوستان مشترک）
⑭ 返信と再会の希望

（شوق نشان دادن برای دریافت نامه و، سرانجام، دیدار طرف مکاتبه）
⑮ 終句 （بیان آرزوی نیک و تعارف پایان نامه）
⑯ 結辞 （ختام یا تعارف پیش از امضای نامه）
◆後付け
⑰ 記名と署名 （نام نویسنده و امضای او）
◆添え書き
⑱ 追伸 （پی نوشت）

手紙の構成

頭書（تاریخ و محل نوشتن）

呼びかけ（عنوان یا خطاب）

前文（تعارفهای آغاز نامه）

主文（متن یا پیام نامه）

末文（تعارفهای پایان نامه）

結辞（تعارف پیش از امضاء）

後付け（نام و امضاء）

添え書き（پی نوشت）

（送り手の住所（نشانی فرستنده））

では実際に、上記の全要素を含む手紙の例を見てみよう。

① دو شنبه ۲۵ اردیبهشت ۱۳۷۴
۱۵ ماه می ۱۹۹۵
تهران

② حضور دوست ارجمند و مهربانم، آقای...،
③ با تقدیم سلام، ④ آرزو دارم که شما و خانواده گرامیتان تندرست و شادکام هستید و این روزهای دلپذیر بهار را به‌شادی می گذرانید.
⑤ نامهٔ پرمهرتان که ۲۲ فروردین مرقوم داشته بودید، در ماه پیش زیارت شد و، مانند همیشه، مایهٔ خوشحالی و امتنان شد. ازین که دیر پاسخ می دهم، پوزش می خواهم. سه هفته در سفر اداری بودم و دیروز برگشتم. ⑥ از لطف شما نسبت به خود و بستگانم مباهی و ممنونم. اگر خدمت کوچکی شد، از راه انجام وظیفه و حقشناسی بوده است. ⑦ حال من و خانواده ام خوب است و کارها، با لطف شما، کم و بیش پیشرفت دارد. پسرم، فرامرز، سخت سرگرم درس خواندن برای امتحان ورودی دانشگاه است. همسرم هم اینروزها خودش را با کلاس نقّاشی سرگرم کرده است. دریافت وام از بانک و کار نوسازی خانه‌ام بطور دلخواه انجام شد. از یاری و راهنمایی آن دوست ارجمند بسیار سپاسگزارم.
⑧ به آگاهی می رساند : ⑨ کتابهایی را که از شما امانت گرفته بودم هفتهٔ پیش با پست هوایی به نشانیتان فرستادم. امیدوارم که سالم و به موقع به شما رسیده است.

درخواست تازه ای از آندوست مهربان دارم. کتاب... را که برای

کار تحقیقم به آن نیاز است، در کتابخانه های اینجا نیافتم. اگر این کتاب را دارید، متشکر خواهم شد که آنرا برایم بفرستید تا بخوانم و چند روزه بازگردانم. ⑩ لطف فراوان آن دوست گرامی انگیزهٔ این درخواست شد. از زحمتی که می دهم، شرمنده‌ام.

⑪ هرگاه در اینجا کاری داشته باشید که من بتوانم انجام بدهم، امر بفرمایید. از انجام دادن آن خوشحال خواهم شد.

⑫ پسر عموهایم کامران و کیارش خواسته اند که سلام و عرض احترام آنها را به شما و خانوادهٔ ارجمندتان برسانم. همسر و پسرم هم عرض سلام دارند. ⑬ خود نیز حضور محترم سرکار خانم و فرزندان شایسته و برومندتان تقدیم سلام می کنم.

⑭ همواره در آرزوی دیدارتان هستم، و تا آن هنگام از دریافت نامه تان خوشحال خواهم شد.

⑮ امیدوارم که روزهای خوش در پیش داشته باشید.

⑯ ارادتمند شما،

⑰ بهزاد

⑱ پی نوشت:

روزنامهٔ عصر امروز گزارشی درباره کارهای تحقیقی بنگاه شما چاپ کرده است. این روزنامه را با پست جداگانه برایتان می فرستم.

① 1374年オルディーベヘシュト月25日（月）

1995年５月15日

テヘラン

②親愛なる友人〜様

③拝啓

④貴兄もご家族様も御健勝で、うらうらとした春の日々を楽しんでおられることと拝察いたします。⑤ファルヴァルディーン月22日付の御懇篤なるお手紙を先月拝読し、いつもながら有難く存じました。御返事が遅れ申し訳ございません。三週間ほど出張に出ており、昨日戻りました。⑥私や家族へのご厚情を賜わり、感謝の念に耐えません。もし少しでもお役に立ったといたしましても、当然のことをさせて頂いたまででございます。⑦私共は家族一同無事に過ごしておりますし、仕事のほうもお陰様でどうにか進んでおります。息子のファラーマルズは大学入試に向けて一心に勉強に励んでおります。家内も最近絵画教室に通っております。銀行ローンを利用して家の新築も思い通りに実現しました。大兄のご指導ご鞭撻に心よりお礼申し上げます。

⑧ところで、⑨拝借いたしておりました御本は、先週航空便でお宅様宛お送り致しました。安着致しておりましたら幸いです。

仁兄に新しいお願いがございます。〜という本が研究に必要なのですが、このあたりの図書館には見つかりません。もしこの本をお持ちでしたら、数日間拝借できませんでしょうか。⑩ご好意に甘えて、ご迷惑をおかけ致しますことをご容赦下さい。

⑪私でお役に立つことがございましたら、何なりとお申し付け下さいましたら光栄に存じます。

⑫従兄弟のカームラーンとキヤラシュから、ご家族の皆様にくれぐれもよろしくと申しつかっております。家内と息子もよろしくと申し上げております。⑬奥様とお子様方にもどうかよろしくお伝えください。

⑭またお目にかかれる日を心待ちに致しておりますが、それまではお手紙をいただければうれしく存じます。

⑮前途洋々たることを願っております。

⑯敬具

⑰ベヘザード

⑱追伸：今日の夕刊に貴方の研究所の活動に関する記事が載っていました。別便で送らせて頂きます。

2．各構成要素について

次に、それぞれについて説明しよう。

◆頭書

① 日付（と場所）

ペルシア語の手紙では、日付を便箋の左上に書く（手紙の終わり、署名の下に日付を書く人もいる）。イラン太陽暦と西暦の両方を書く方がよい。

手紙を書いた場所（町や地域や有名な建造物の名）を日付の下に書くのを習慣にしている人もある。これは、とくに旅先からの便りの場合など、相手に手紙が書かれた時の状況や天候、雰囲気をよりよく知らせるのに役立つだろう。たとえば：

پنج شنبه ۴ مرداد ۱۳۶۹
۲۶ ژوییه ۱۹۹۰
اصفهان، مهمانسرای عباسی

◆呼びかけ

② 敬称と宛名 (عنوان/خطاب)

　先方の名前に付ける敬称は、英語では Dear ひとつでほぼ事足りるし、日本語でも様と殿を使い分ける程度であるが、ペルシア語には多くのヴァリエーションがある。これを敬意の強さの順に並べてみよう。

پیشگاه معظّم حضرت[8] آقای...
「…様の偉大なる御前に差し上げます」

حضور معظّم سرور[9] ارجمند جناب آقای...
「尊敬する指導者…様の御前に差し上げます」

حضور/خدمت محترم سرور/استاد بزرگوارم جناب آقای...
「敬愛する指導者／先生…様の御膝下に差し上げます」

حضور والای پدر/مادر/عموی...بزرگوارم
「敬愛するお父様／お母様／おじ上様の御膝下に差し上げます」

حضور گرامی پدربزرگ/پدر/مادر/استاد ارجمندم/مهربانم
「尊敬する／ご慈愛深きお祖父様／お父様／お母様／先生の御膝

かしこまって

8　حضرت は、祖父や高齢の碩学などの敬称として使われる。(公用文では、最高位にある政治家や宗教家を指す)

9　سرور は、父に匹敵する人物や、書き手より非常に地位の高い人を指すとき使う。

かしこまって

下に差し上げます」

حضور پرمهر پدر/مادر/استاد/دوست گرامیم

「お心寛きお父様／お母様／先生／大兄の御膝下に差し上げます」

جناب آقای/سرکار خانم　「貴い～様」

پدر/مادر…بزرگوارم/ارجمندم/گرامیم

「敬愛する／尊敬する／親愛なるお父さん／お母さん」

با عرض سلام حضور محترمتان/ارجمندتان/گرامیتان

「尊敬する貴殿に祝福を込めて」

با تقدیم سلام و احترام　「祝福と尊敬を込めて」

آقای/خانم محترم　「尊敬する～様」

آقای/خانم گرامی/عزیز/ارجمند

「親愛なる／愛しい／尊敬する～様」

一般的

برادر/خواهر[10] عزیز و ارجمند

「愛しい／尊敬する兄弟／姉妹」

پدر/مادر/عموی/برادر/خواهر…مهربان/گرامی (مهربانم/گرامیم)[11]

「心優しい／親愛なるお父さん／お母さん／おじ様／兄弟／姉妹の～」

دوست بسیار ارجمند　「非常に尊敬する友」

دوست گرامی مهربان　「親愛なる心優しい友」

دوست دیرین (و) ارجمند　「長年の尊い友」

10　ここでいう برادر や خواهر は、友人のこと。

11　گرامی، عزیز، ارجمند といった形容詞の後に、接尾辞形人称代名詞の م をつけて、گرامیم などの形にすると、うちとけた関係であることを示唆するので、会ったことのない人への手紙には使わないこと。

دوست مهربانم/نازنینم	「心優しい／愛すべき友」
دوست/برادر/خواهر/پدر/مادر (عزیز) بهتر از جانم	
「命より大事な友／兄弟／姉妹／お父さん／お母さん」	
برادر/خواهر/مادر/پدر/دوست عزیز (و مهربان) م	
「愛しい兄弟／姉妹／お母さん／お父さん／友」	
نازنینم/مهربانم/عزیزم/عزیز مهربانم	
「愛すべき／心優しい／愛しい／心優しい大切な」	
یگانه ام	「かけがえのない」
امیدم	「わが希望の」
بهتر از جانم	「命より大切な」
دلبندم/دلارامم/آرام جانم	「最愛の」

（右側に「打ちとけて」と縦書き）

　原則としては、核となるآقاやخانمの前に、حضرت（非常に尊敬する相手）、جناب（女性に対してはسرکار）が付いているのがわかる。格段の尊敬をこめる場合は、これに加えて、(به) پیشگاه، حضور، خدمتなどの語が始めに来て、それに、محترم، مبارک، باسعادت، گرامی، ارجمندといった尊敬の形容詞が加えられる。

　親しい知人に対してはدوستの後に尊敬や親しみをこめた形容詞（مهربان، ارجمند، فرزانهなど）をひとつふたつ付け加える。とくに親しい友人への手紙の中では、名前の後にعزیز، گرامیといった親しみをこめた簡単な尊敬の形容詞をつける。

　公用文やあまり親しくない知人への敬称は簡潔にして、آقاやخانمの後に相手の姓名、もしくは姓のみを書く。

　イスラーム共和国（1979年以降）になって、官公庁では手紙の敬

— 23 —

称に آقا، خانم の代わりに برادر، خواهر が使われるようになった。[12] この方式が社交文に適用される場合もある。

以上が主な敬称であるが、名前の直前に付けられる敬称には、尊敬を表す دوشیزه، خانم، آقا のほかに、次のようなものもある[13]：

(a) 家系にまつわるもの；سیّد، میر
(b) 社会的地位に関するもの；حجّت الاسلام، سرهنگ
(c) 巡礼にまつわるもの；حاجی، مشهدی، کربلایی
(d) 学位関係

因みに、預言者の血統をひく尊師で、メッカ巡礼の経験がある上、博士号をもっている人の場合、敬称は次のようになる：

حضور مبارک جناب/حضرت آقای حجّت الاسلام سیّد دکتر...
(نام و نام خانوادگی)

敬称は、このように複雑だが、先方への仰々しい物言いは避けたいとか、どれを選んでいいかわからないとかいった場合は、直接次の礼辞に移っても構わない。

---

12 詩や散文の書物の中で友人、知人、また皆を برادر と呼ぶことはイスラーム時代になって一般化されたが、これはイスラームの اخوت（兄弟愛）の考え方に則ったもので、コーランの中に انما المومنون اخوة（まさしくイスラーム教徒は互いに兄弟である）（第49章第10節）とある通りである。

13 詳しくは、付録の自他称対照表の項を参照のこと。

◆前文

③〜⑤書き出し

　書き出しの部分は、礼辞と先方の安否伺い（احوال پرسی）で始まるのが普通である。その後、もし手紙やメッセージが届いていれば、その到着を知らせ、礼を述べる。

　日本語の手紙との最大の違いは、時候の挨拶が構成要素にない点である。イラン文化は、詩情を重んずること甚だしいが、花鳥風月と四季のうつろいへの感性は、日本人のそれとは自ずと異なっていることの証なのかもしれない。

　昨今は手紙を簡潔に書く傾向にあるので、書き出しにも歯の浮くようなお世辞や冗漫な文章を控え、短く、雄弁で明快な表現が好まれる。

　そういった意味で、日本語の「拝啓」の感覚で、相手を選ばず、最も使いやすい礼辞としては、次のようなものがある：

「祝福と敬意を捧げつつ」	با سلام (و عرض احترام/ارادت)
「祝福を捧げて」	پس از عرض سلام
「祝福を重ねつつ」	با تجدید سلام
「心からの祝福と賛美を込めて」	با سلام و درود صمیمانه
「祝福と善意を捧げつつ」	با تقدیم سلام و آرزوی خیر
	با سلام و سپاس برای نامه پرمهرتان
「祝福を込め、ご親切なお手紙に感謝しつつ」	

— 25 —

⑥ 先方の挨拶への返事

先方の用を足したことに感謝された場合には、下のような表現でそれに答えることもできる：

برای مهرتان سپاسگزارم. اگر خدمت کوچکی انجام شد، وظیفهٔ دوستی بود.

「お心づかい痛み入ります。もし少しでもお役に立ちましたのでしたら、友として当然のことを致したまでです」

خدمت ناچیزیکه انجام شده به انگیزهٔ ارادت و دلبستگی بوده است.

「少しでもお役に立てればという思いでご奉仕申し上げたまでのことです」

با یادآوری و ابراز لطف، شرمنده‌ام ساخته‌اید.

「わざわざお礼の御言葉を頂戴し、恐縮致しております」

اگر به انجام دادن خدمت کوچکی توقیف یافته‌ام، به شوق ارادت و اخلاص در دوستی بوده است.

「いかほどかでもお役に立つことが叶いましたのなら、私の真情が通じたのでございましょう」

خدمتی که انجام شده است، هر چه باشد، هنوز هزار یک محبتهایتان را پاسخ نمی‌گوید.

「私が何をして差し上げたと致しましても、あなた様のご厚情の千分の一にもお答えしたとは申せません」

با یادآوری خدمت ناچیز این ارادتمند و ابراز لطف بزرگوارانه،

شرمنده‌ام فرموده‌اید /فرموده‌اند.[14]

「いかほどの事も致しておりませんのに、わざわざ御寛大な御言葉を頂戴し、恐縮致しております」

برای یادآوری و ابراز مراحمتان سپاسگزارم. کاری که شده است هنوز اندکی از لطفهای بسیارتان را پاسخگو نیست.

「お礼の御言葉を有難く頂戴致しましたが、これであなた様のご恩にいかほどかでもお応えできたなどとは存じておりません。」

برای مهرورزی بزرگوارانه تان متشکرم. خدمت کوچکم در برابر محبت‌های بیکران جنابعالی ناچیز است.

「ご寛大にもお礼の御言葉を頂戴し、有難く存じますが、貴殿の数え切れないご愛顧に比べれば、物の数にも入らぬことでございます」

⑦ 当方の安否

次のような例が挙げられる：

من حالم خوب است (و در سایهٔ مهرتان روزگار می گذرانم).

「私は（お陰様で）元気にしております」

حال من و خانواده‌ام، به لطف شما، خوب است.

「お陰様で家族一同元気です」

برای احوالپرسی شما سپاسگزارم. من و خانواده‌ام، در سایهٔ لطف پروردگار، تندرستیم.

「ご高配を頂き有難う存じます。神のお陰をもちまして、家族一同健康で

14 先方に対して二人称の代わりに三人称複数の動詞や代名詞を使うと、より強い尊敬表現となる。同様に、自分のことを一人称でなく三人称単数で表現すると、謙譲の度を増すことになる。（例えば、به آگاهی می رسانم→به آگاهی می رساند）

おります」

من، به لطف خداوند، از نعمت سلامت برخوردارم و برای یادآوری و احوالپرسیتان ممنونم.

「私は、神のお慈悲をもちまして無事息災に過ごしております。御高配にお礼申し上げます」

در سایهٔ لطف بزرگوارانه‌تان، حالم خوب است و همواره دعاگوی وجود مبارک هسنم.

「お陰様をもちまして、大兄のご清栄を祈りつつ、無事平安に暮らしております」

من هم بد نیستم و برای یادآوری و احوالپرسیتان امتنان دارم.

「私も無事でおります。御高配に感謝致します」

◆主文
⑧ 起辞

前文で挨拶をすませた後、適当な語や文で主文に移り、用件を述べる。この語や文を「起辞（**عبارت ورود به مطلب**）」という。

起辞としては、次のような表現がある：

به آگاهی/اطلاع/استحضار می رساند که...
「お知らせ申し上げます」
معروض (حضور مبارک) می دارد که...
「(貴下に) 謹んでお知らせ申し上げます」
「さて、恐縮でございますが…」 زحمت افزا می شود که...
اما غرض از تصدیع، پس از عرض سلام و احوالپرسی، اینست که...
「ところで、お手紙を差し上げてお目を煩わせておりますのにはこんな訳

— 28 —

がございます…」

昔は、اما بعد (و)「ところで」という表現が一般に用いられた。

商用文で起辞によく使われるのは、一番目の به آگاهی/عرض/اطلاع/استحضار می رساند という表現である。

⑨ 本題

本題とは、先方への知らせ、依頼といった、手紙の主要な用件である。

社交文の場合は、用件が幾つも重なることも少なくないが、そのような時にはとくに、文章の組み立てをよく考えて、論旨を明確にすることが必要になる。

◆末文

⑩ 主文を外れる

用件を述べた後、適当な表現で主文を終え、手紙の終わりの挨拶に移る。

これには、次のような表現が使われる：

زیاده زحمت نمی‌دهد.
「これ以上お邪魔は致しません」

زیاده عرضی ندارد.
「これ以上申し上げることはございません」

چون ناگزیر/لازم/واجب بود عرض شد.
「用件のみ申し上げました」

وظیفهٔ دوستی دید که به عرض برساند.
「友人として申し上げた次第です」

このほか、より簡潔な締めくくり方としては、زیاده و السلام、زیاده دعا، زیاده سلامتی، زیاده قربانت、زیاده جسارت استなどがある。[15]

今日では、この種の表現は昔ながらの手紙作法を重んじる人に主に使われる。

⑪ 助力の約束

度量の広さは、古来イラン人が最も尊んできた徳目のひとつである。そのため、手紙の中でも先方への援助を惜しまないことを次のように強調する：

برای فرمایش هایی که در اینجا داشته باشید/باشند در خدمتم، و از انجام دادن آن خوشحال خواهم شد.

「当方にご用の向きがございましたら何なりとお申し付け下さりますれば幸甚に存じます」

هر گونه امری که در اینجا باشد، لطفاً بفرمایند.

「当方にいかなるご用件でもお申し付け下さい」

چشم به راه اوامرتان، و در شوق انجام دادن آن، هستم.

「あなた様のお役に立てることを心待ちに致しております」

خواهش دارم که هر گاه خدمتی در اینجا از من برآید، بفرمایید و مرا در اجرای امرتان افتخار دهید.

「私にできますことでしたら何なりとお申し付け下されば光栄に存じま

---

[15] زیاده جسارت است（これ以上は失礼と存じます）は、目上の人に対して使う。

— 30 —

す」

همواره آمادهٔ اجرای فرمایشتان خواهم/خواهد بود.

「いつでもご用をお申し付け下さいませ」

امید دارد که از ارجاع خدمات دریغ نفرمایید و به انجام دادن اوامرتان بالنده و سپاسگزارم سازید.

「お心易くご用をお申し付け下さいますれば、これに勝るよろこびはございません。」

この種の表現は、とくに遠方からの手紙に用いられる。

⑫ 他の人からの伝言

時には、自分からの伝言の前に、他の人の挨拶も伝えることがある。配偶者や子供たちといった、先方がよく知っている近親者の挨拶を伝えるだけでなく、友人や同僚といったそれ以外の人についても、当人の希望があれば伝言を伝える。

他の人の挨拶は、書き出しの儀礼表現の後か、より一般的には書き終わりの儀礼表現の後に置かれる。丁寧なものから順に、この種の表現を並べてみよう：

از سوی آقای...سلام و عرض احترام به حضورتان می رسانم.

「~さんが、あなた様にくれぐれも宜しくお伝え下さいとのことです」

...خواسته است که رسانندهٔ درود و سپاسش به جنابعالی باشم.

「~から、あなた様にぜひ宜しくお礼申し上げるようにと申しつかっております」

「~と~が宜しくと申しております」　　...و...عرض سلام دارند.

— 31 —

همسرم خدمت شما عرض سلام دارد و بچه ها دست بوسند.
「夫／妻は宜しくと申しておりますし、子供たちはお手にキスしております」

همسرم به حضور گرامیتان سلام می رساند.
「夫／妻もあなた様にくれぐれも宜しくと申しております」

برادرم به خدمت شما سلام می رساند.
「兄からもくれぐれも宜しくお伝えするようにとのことです」

پدرم به جنابعالی سلام می رساند و دعاگوست.
「父も貴殿のご健勝をお祈り申し上げているとのことでございます」

پدر و مادرم خواسته‌اند که سلام و تشکرشان را حضورتان برسانم.
「両親からも、是非あなた様に宜しくお礼申し上げるよう言いつかっております」

خانواده‌ام، یک به یک، به آن دوست ارجمند سلام می رسانند.
「家族一同、素晴しいお友達である貴殿に宜しくと申しております」

دوستان دیرینمان...و...خواسته اند که درود صمیمانه شان را بپذیرید.
「私共の旧友の〜と〜から、どうかくれぐれも宜しくお伝え下さいとのことです」

سلام همگی ما حضور گرامی شما.
「皆からあなたによろしくとのことです」

دوستان، همگی، سلام و دعا دارند.
「友だち皆からよろしくとのことです」

⑬ 当方からの伝言

先方の近親者を知っていたり、共通の友人がある時は、そんな

人たちに挨拶を伝えるのも、重要とされる。知人への伝言は、手紙の終わりに書く事が多い。

丁寧なものから順に例を挙げると：

لطفاً سلام مرا به پدر و مادر ارجمندتان برسانید.

「どうかご両親様に御鳳声のほど願い上げます」

خدمت پدر بزرگوارتان عرض سلام دارم.

「ご尊父様に宜しくお伝え下さい」

حضور ارجمند سرکار خانم عرض سلام دارم، و روی ماه فرزندان دلبند را از دور می‌بوسم.

「御令室様に宜しくお伝え下さい。また、可愛いお子様方のお顔に遠方よりキスを差し上げます（幼児の場合）」

خواهش دارم که عرض احترامم را حضور خانم و سلامم را به فرزندان برومندتان برسانید.

「御奥様と素晴しいお子様方にくれぐれも宜しくお伝え下さい（年長の子供の場合）」

خواهش دارم که سلامم را به…ابلاغ فرمایید.

「～に宜しくお伝え下さいませ」

سپاسگزار خواهم شد که سلام مرا به دوست عزیزمان آقای…برسانید.

「私たちの親愛なる友人…さんに宜しくお伝え下されば幸甚です」

مایهٔ امتنان خواهد بود که سلام مرا به…برسانید.

「～に宜しくお伝え下されば有難く存じます」

…و…را سلام برسانید.

「～と～に宜しく伝えて下さい」

برای…و…سلام دارم.

「～と～によろしく」

⑭ 返信と再会の希望

返信と再会を願う表現としては：

همیشه چشم به راه دستخط گرامیتان هستم.

「あなたのお便りを心待ちに致しております」

در انتظار نامه‌های دلنشینتان می مانم.

「心にしみるお便りをお待ちしております」

تا فرصت دیدار پیدا شود، با نامه از احوال خود آگاه و سپاسگزارم فرمایید.

「今度お目にかかれる時まで、お手紙で御近況をお知らせ頂ければ幸いです」

همیشه در شوق دیدارتان هستم و، تا آن هنگام، دریافت نامه‌تان را موهبت می دانم.

「お目もじにあずかれる日を心待ちに致しておりますが、それまではどうかお手紙を頂戴したいものです」

اگر گه گاه با نامه‌ای سرافراز و خوشحالم فرمایید، سپاسگزار خواهم بود.

「時々お便りで私を幸せな心持ちにして下されば、うれしゅう存じます」

امیدوارم که به زودی توفیق دیدارتان را پیدا کنم.

「近々拝眉の機会のありますことを願っております」

آرزوی دیدارتان را همیشه در دل دارم.

「お目にかかれることを常々心待ちに致しております」

امیدوارم که سفرتان به اینجا انجام بشود. از دیدن شما دوست گرامی بسیار خوشحال می شوم.

「御旅行の目的地にここを選ばれることを願い、親愛なる友との再会を喜びたいと存じております」

　年齢や社会的地位が非常に高い相手に返信を希望するのは、失礼だと考えられる。

⑮ 終句（幸運祈願と書き終わりの挨拶）
　この表現も、敬意の強さの順に並べてみる：

آرزوهای قلبی خود را برای تندرستی و شادکامی جنابعالی تقدیم می دارد.
「貴殿の御健勝と御成功を心よりお祈り申し上げます」

در پایان، برای جنابعالی سلامت و کامیابی آرزو می کند.
「末筆ながら、貴兄の御健康とご清栄を願っております」

با امتنان برای مراحم همیشگیتان.
「日頃のご高配に感謝しつつ」

بهروزی و پیروزیتان را همواره آرزو دارد.
「御繁栄と御成功を念じております」

در شوق زیارتتان می مانم.
「拝眉にあずかることを願ってやみません」

موفق و شادکام باشید، و پیروز در کارهای ارزنده‌تان.
「ご成功とご多幸に恵まれ、お仕事の面でも素晴しいご活躍をなさいますよう」

برایتان سلامت و توفیق آرزو دارم.
「御健康と御成功を願っております」

（かしこまって　―　一般的）

一般的

با آرزوی تندرستی و توفیق، و با تجدید سلام.
「ご健勝とご成功を願い、ご挨拶を重ねつつ」

با امید بهروزی و پیروزیتان.
「ご幸福とご成功を願いつつ」

با امید توفیق روزافزون برای جنابعالی/شما.
「貴殿/あなたのますますの御成功を願いつつ」

با آرزوی پیروزی و شادمانی جنابعالی/شما.
「貴殿/あなたの御成功とご多幸を望みつつ」

با آرزوی تندرستی و کامیابی شما، نامه را پایان می دهم و چشم به راه دستخط گرامیتان خواهم بود.
「御健勝とご多幸を願いつつ筆を置き、御返事を首を長くして待っております」

با آرزوی سلامت همیشگی (و موفقیت روزافزونتان).
「変わらぬご健康(とますますのご成功)を願いつつ」

با آرزوی شادی/شادکامی و پیروزی شما.
「あなたのご多幸とご成功を願いつつ」

با آرزوی موفقیت بیشتر برای شما.
「あなたがもっと成功されますように」

با آرزوی بهروزی شما، و امید دیدار.
「あなたの御成功を祈り、再会を願って」

打ちとけて

「ご挨拶と祈りをこめて」 با سلام و دعا.
「ご挨拶と好意をこめて」 با سلام و آرزوی نیک.

به امید تابنده‌تر شدن خورشید سعادتتان.
「あなたの幸福の太陽が輝きを増すことを願いつつ」

خداوند جان و خرد پشتیبانتان باد!
「全能の神がお守り下さいますように」

خدا یار و نگهدار شما باد!
「神様の御加護がありますように」

سرفراز باشید.
「ご隆昌を願っています」

روزگارتان خوش باد!
「ご多幸を祈ります」

کامروا باشید/موفق باشید!
「ご成功を願っています」

ایّام به کام باد!
「素晴しい未来がひらけますように」

پیوسته تندرست و شاد باشید/شادکام باشید!
「いつも健康でお幸せに」

در شوق/مشتاق/در آرزوی دیدار (تان).
「お目にかかれることを楽しみにしながら」

「あなたを神様に託します」
شما را به خدا می سپارم.

شاد و پیروز باشی/پاینده باشی/سرفراز باشی!
「お幸せに／お元気で／成功を祈る」

خوش و کامروا باشی/شاد دل باشی!   「お元気でお幸せに」

تندرستی و شادی یارت باد/پیروزی و بهروزی در کنارت باد!
「健康と喜びが友でありますよう／成功と繁栄がお傍にありますように」

سرفراز/سربلند باشی!   「栄えあれ」
پاینده باشی!   「お元気で」
پیروز/بهروز باشی!   「幸運を祈る」
شادکام/کامروا باشی!   「お幸せに」

一般的

打ちとけて

⑯ 結辞（署名の前の挨拶）

署名の前に書かれる（敬意を表す）挨拶表現で、日本語の「敬具」や「かしこ」などにあたるが、ペルシア語には男女による使い分けは見あたらないし、「草々」といった省略の表現もない。しかしここでも、先方への親近感の区別は非常に明確に表される。これを、尊敬の度合いの強いものから並べると次のようになる：

「敬慕の念を込めて」	با (تقدیم/عرض) احترام،
「感謝申し上げつつ」	با (تقدیم/تجدید) امتنان/سپاس،
「忠誠を誓いつつ」	با (تقدیم/عرض/تجدید) اخلاص،
「あなたの息子／娘にあたる」	فرزند شما،
「あなたの幼子にあたる」	کوچک شما،[16]
「お礼を申しつつ」	با امتنان/تشکّر/سپاس،
	ارادتمند (شما/دیرین)،
「あなたへの／変わることなき尊敬をもって」	
	سپاسگزار (و ارادتمند) همیشگی (شما)،
「変わらぬ感謝と尊敬をもって」	
「あなたの心の友」	مخلص شما،
「祝福を重ねつつ」	با تجدید (عرض) سلام (و دعا)،
「誠意も新たに」	با تجدید مودّت،
「祝福を込めて」	با درود فراوان،
「祝福と祈りと共に」	با سلام و دعا،

16 کوچک شما や فرزند شما は、実際の親のほか、お世話になった先生など、親近感の強い目上の相手に対しても使うことができる。

دعاگوی همیشگی،	「いつもあなたのことを祈りつつ」
با مهر بسیار،	「愛を込めて」
با محبّت (بسیار/فراوان)،	「愛を込めて」
دوستدار (شما/تان)،	「あなたを慕う」
قربان شما/قربانتان،	「喜んであなたの犠牲になれる」
پدرت/مادرت/دوستت/دوستدارت/برادرت/خواهرت،	
	「父／母／友／君を慕う者／兄弟／姉妹より」
قربانت/تصدقت،	「喜んで君の犠牲になれる」
شیدای تو/شیفتهٔ تو،	「君に夢中の」
آنکه همیشه به یاد توست،	「いつも君を忘れない」

この中で最も無難なものは、ارادتمند あたりであるが、親しい友人には قربان شما などもよく使われる。

◆後付け

⑰ 記名と署名

手紙の終わりに記名と署名をするのは、英語の手紙などと同じである。記名は、ふつう氏名を書くが、親しい知人には、ファーストネームだけを書いたり、署名だけしたりする。

消息文には、とくに手書きの場合、署名の必要があまりない。しかし、タイプを打ったものは、署名がなければならない。

◆添え書き
⑱ 追伸

　追伸は、昔は بعد التحرير とよばれたが、これは、署名まで済ませて手紙を書き終えた後に思い出したことやわかったこと、あるいは手紙の趣旨から外れていて本文に加えたくなかったことなどを末尾に加えるものである。また、相手の注意を促したいことを強調するために、追伸を利用するという場合もある。最後の例は、とくに商用文に当てはまることが多い。

بیست و هشتم اسفند ۱۳۶۷

دوست فاضل و گرامی آقای دکتر هاشم رجب زاده سلامت و سعادت شما را
از خداوند آرزو می‌کنم. نامهٔ محبت آمیز چهاردهم اسفند شما رسید و موجب تشکر و
امتنان شد. امیدوارم سال نو برای شما و خانوادهٔ محترم سرشار از شادکامی و موفقیت
روزافزون باشد و خبر پیشرفت تحصیلی علی و دختر آقا ماهتان برسد و موجب مسرت
بنده گردد.

از ابراز لطف بانو اوکادا متشکرم و به ایشان سلام دارم و نیز به آقای
پروفسور کورویاناگی همراه با عرض تبریک بمناسبت انتشار فرهنگ تازه
فارسی به ژاپنی. امیدوارم در تهران یا در ژاپن توفیق دیدار شما و حضرات
دوستان محترم دست دهد. شاد باشید. به خدا می‌سپارم.

با تجدید ارادت
عبدالحسین زرین‌کوب

پی نوشت:

در شمارهٔ دوم سال نهم مجلهٔ نشر دانش (بهمن و اسفند ۱۳۶۷) ص ۸۶
شرحی تحت عنوان «ضرورت شناخت تحقیقات اسلامی و ایرانی در
ژاپن» هست که درخور توجه است.

追伸のある手紙

3. お決まりの表現ガイド

　最後に、呼びかけと、書き始めと書き終わりの表現の組み合わせをいくつか示しておく。このガイドラインに沿って、好みに応じた自分なりの無難なパターンを決めておき、それに適宜応用を加えれば、この最も厄介に思える部分も、存外楽に切り抜けることができる。その意味では、真の表現力が問われる本文部分より、扱いやすいといえるかもしれない。

حضور محترم جناب آقای...،
　ضمن تقدیم سلام، سلامت و سعادت آنجناب را از خداوند خواهانم.
　　... ... ...
　　با آرزوی تندرستی و توفیق شما،
＊＊＊＊＊＊＊＊＊＊＊＊＊＊＊＊＊＊
خدمت دوست گرانقدر، جناب آقای...،
　با سلام و تقدیم ارادت، نامهٔ مهرآمیزتان مورخ اول مهر ماه رسید، که چقدر شائقش بودم.
　　... ... ...
　　در انتظار دیدار و شوق گفتگوی حضوری،
＊＊＊＊＊＊＊＊＊＊＊＊＊＊＊＊＊＊
سرور گرامی،
　امیدوارم که حالتان خوب است و از هر لحظه سفر و اقامت در...لذت برده اید.
　　... ... ...
　　برایتان سلامت و موفقیت آرزو دارم.

****

دوست ارجمندم، جناب آقای... ،

پس از سلام و عرض اخلاص، امیدوارم که همواره شادکام و تندرست باشید. مرقومهٔ مورخ ۱۰ ابان حضرتعالی با مسرت دریافت و طبعاً موجب خوشحالیم شد.

... ...

هر گاه که فرصتی یافتید، از فرستادن نامه دریغ نفرمایید؛ مرا خوشحال خواهید کرد. انشاءالله که موفق و مؤید باشید.

****

دوست بسیار عزیز و مهربان،

امید است که همواره با شادی و تندرستی بگذرانید و در همهٔ کارها توفیق یابید. هم اکنون نامهٔ ۲۲ اسفندتان زیارت شد. جدا از آن، نامه‌های... ...را هم پیش رو دارم و برای دیر پاسخ دادن به آنها پوزش می خواهم. و اما در باره کارها: ... ...

... ...

بیش از این مصدع نمی شوم و در انتظار خبرهای خوش و مژدهٔ موفقیت شما خواهم بود.

****

برادر ارجمند و گرامی،

با عرض سلام و ارادت قلبی، امیدوارم که حالتان خوب باشد و با عزت و کامرانی زندگی کنید.

... ...

همه خوبند و سلام می رسانند. به امید دیدار،

****

با عرض سلام و ارادت،
نامهٔ پر لطف و مهر شما دو روز پیش رسید و شرمنده‌ام نمود.
... ...
ایام به کام باد!
****

دوست گرامی،
امیدوارم که حال شما خوب است و زندگی بر مرادتان می گذرد. من و خانواده‌ام هم بد نیستیم.
... ...
بیش از این مزاحم وقت عزیزتان نمی شوم. سلامت و توفیق شما را خواهانم.
****

دوست بسیار عزیز و گرامی،
مرقومهٔ مورخ ۳ بهمن هم‌اکنون دریافت و مثل همیشه موجب مسرت فراوان شد. از اینکه تعطیل را به دلخواه گذرانده و به کارهای مورد علاقه تان رسیده‌اید خوشحال شدم.
... ...
با آرزوی تندرستی برایتان، به انتظار نامهٔ شما خواهم بود.
****

دوست گرامی،
امیدوارم که حالتان خوب است. مدتی است که از شما خبری ندارم؛ شاید کوتاهی از من بوده است.
... ...
اینجا خبر تازه ای نیست. هوای پاییزی بسیار خوب است و روزها

تند می گذرد. منتظر نامه تان خواهم بود.

****

دوست بسیار عزیز و ارجمند،

نامهٔ ۲۹ آذر را با مسرت فراوان دریافت کردم و برای یاریها و مهربانیهایتان بسیار سپاسگزار شدم. امید است که در تعطیل زمستان روزهای خوشی را گذرانده باشید.

... ...

با آرزوی توفیق و شادمانی شما،

****

دوست بسیار گرامی،

با تقدیم سلام، برایتان تندرستی و بهروزی آرزو می کنم. نامه تان رسید و مانند همیشه خوشحالم کرد.

... ...

به امید بهروزی و پیروزی،

§2. 公用文 (نامه‌های دیوانی) の構成と形式

公用文とは、公的団体や公的地位にある個人に宛てた請求、苦情、感謝、行事への招待などの手紙である。この種の手紙には、敬称その他に定められた形式があるので、これを守ることが肝要である。

ここでは、社交文と異なる点のある要素についてだけ、簡単に述べる。

1．敬称

大統領、大臣、国会議長、知事などの一国の主要人物に宛てた手紙では、مقام معظّم という敬称や جناب（閣下）が使われる。そして、敬意の表現として、手紙の始めに توقیراً به عرض عالی می رساند とか با تقدیم احترام معروض می‌دارد「謹んで申し上げます」などと書かれる。

ひとつの省庁から別の省庁へ、または同じランクの役所間の手紙には、ふつう敬称や称号は使われず、省庁や団体の名前の後に محترم（殿）という語が付け加えられる。たとえば：وزارت محترم کشور（国務大臣殿）、وزارت محترم علوم، تحقیقات و فن آوری（科学技術研究大臣殿）

個人や役所から大臣への手紙の場合、مقام عالی، مقام معظّم（閣下）が一般的である。たとえば：مقام معظّم وزارت امور خارجه（外務大臣閣下）、مقام عالی وزارت بهداشت و درمان（厚生大臣閣下）

こういった称号を書く際には、氏名の前に جناب をつける。大統領、閣僚、次官、テヘラン市長、中央銀行などの独立した政府機関の長、知事、大使などがこれにあたる。この جناب を他の地位や個人に使うと、お世辞の印象を与える。

長官、役所の長（次官より下）、地方長官、市長クラスの官職には、職名の後に محترم を加えれば十分である：فرماندار محترم کاشان（カーシャーン州長官殿）、شهردار محترم قزوین（カズヴィーン市長殿）

公職者の敬称を次に挙げておくと：

جناب آقای…، وزیر محترم…

جناب آقای...، سفیر محترم...در...
ریاست محترم ادارهٔ...
ریاست محترم بانک...
مدیر عامل محترم بنیاد...
نمایندگی محترم...در...
ریاست محترم دانشگاه تهران
ریاست محترم کتابخانهٔ...

2. 発信人の紹介

公的機関や公職にある人に手紙を書く場合、始めに発信人の身分を明らかにするのが普通である。たとえば:

ادارهٔ محترم...
با احترام به عرض می رساند: اینجانب (نام، نام خانواده)
(شغل) ساکن (نشانی)...

「拝啓　私は（住所）在住の（職名）（氏名）と申しますが…」

3. 礼辞

公的な通信文の始めにも、礼辞を記すのがよい。この場合、**با تقدیم سلام و تحیات** とか **با عرض سلام و آرزوی توفیق** などが使われる。2通目以降の手紙では、**با عرض سلام و امتنان** とも書かれる。また、礼辞と共に、あるいは礼辞に代わって、次のような迷惑を詫びる意味の表現が用いられることもある：**با عرض سلام و امتنان و پوزش برای زحمتی که می‌دهد...**（ご挨拶と感謝とご迷惑への謝罪をこめて）。こういった詫びの言葉は、手紙の終わりに

— 47 —

来てもよい。

4．起辞

同ランクか上のランクの役所からの手紙では、اشعار می‌دارد か اعلام می دارد（お知らせいたします）が使われる。下のランクの役所からは به عرض می رساند とか معروض می دارد（謹んで申し上げます）と書く。

丁寧な順に、公用文の起辞を並べてみると：

به نظر (عنایت) عالی می رساند...
به استحضار می رساند...
مستحضر می دارد...
معروض می دارد...
به آگاهی می رساند...
آگاهی می دهد...

5．過去の通信への言及

公用文は、上部に出状番号をつけた上で、出状簿に記録される。そこで、返事を出す場合にも、その番号と日付に触れる必要がある。官公庁に着いた手紙も、同様に入状簿に番号と日付を書き入れた上で保管される。

そのため、2通目以降や、返事として書かれる公用文では、前文の後に、関連の手紙の詳細（番号と日付）を書くほうがよい。そうすれば、先方での照会に役立ち、用件の結果も早く得られる

ことになる。過去の通信には、次のような言い方で触れる：

عطف به نامهٔ شمارهٔ...مورخ...

「～付第…号のお手紙に関して（返事の場合）」

بازگشت به نامهٔ شمارهٔ...مورخ...

「〃（宛先以外の場からの手紙であることを示して）」

「〃（自分の以前の手紙の続きとして）」　پیرو نامهٔ شمارهٔ...مورخ...

6．用件
　公用文は簡潔さが大切であり、用件は短いと同時に、わかりやすく明確であるほどよい。

7．結辞
　公用文でも、消息文の場合と同様、適切な尊敬表現が必要とされる。先方が高位の時はなおさらである。たとえば：

「最高の尊敬を捧げつつ」	با تقدیم شایسته ترین احترام،
「尊敬と感謝をもって」	با (تقدیم) احترام و امتنان،
「心からの敬意と感謝を込めて」	با (عرض) احترام و سپاس قلبی،
「お礼申しつつ」	با تشکر/امتنان،
「ご多幸を祈りつつ」	با آرزوی توفیق،

　時には、このような結辞の前に、謝辞の形で念押しをすることもある：

— 49 —

از اقدامی که معمول خواهند فرمود پیشاپیش سپاسگزاری می کند.

「然るべくご対処下さいますことを、前もってお礼申し上げます」

از عنایتی/توجهی که به این درخواست خواهند فرمود سپاسگزار است.

「この請願に注意をお払い下さることに感謝致します」

توجهتان مایهٔ نهایت امتنان خواهد بود.

「お心に掛けて頂けましたら感謝の至りでございます」

8．署名

公用、商用文には、後付けに氏名と職名を記した責任者か、署名の責任を与えられた別の人物が署名する。後者の場合、署名人は手紙にある目上の責任者の氏名、職名の前に **از سوی، به جای، از طرف**（代筆）と書いてから署名する。

9．追伸

公用文に追伸を加えるのは適当でない。

最後に、返信を求める公用文を受け取ったら、できるだけ早急に書こう。信義の問題だけでなく、何事も文字になった文書なしでは進まないお国柄であることを、忘れてはならない。

§ 3. 封筒の書き方

(1) 手紙の宛名は、封筒の下半分、中央右寄りに書く。

فرستنده :
شیراز ، خیابان ارم ،
کوی بیستون، شماره ۱۲۰ ،
به لُطفِ آقای دکتر بینا ،
دارا آریَن
تهران ، کُد پستی ۱۵۶۱۵
خیابان گاندی،
کوی سی و چهارم ،
شمارهٔ ۱۲، طبقهٔ چهارم شرقی،
جناب آقای ارژنگ کامیاب

住所氏名を並べる順番は日本とほぼ同じで、まず市町名を書いた後、通りの名、番地と続き、氏名が最後にくる。イランにも郵便番号があるが、これは住所の最後にくる。

封筒に書く受取人の氏名に、日本の脇付にあたる尊敬の表現が書かれることもある。丁寧な順に、いくつか例を挙げてみると：

به پیشگاه معظّم حضرت آقای……ایفاد میشود

「偉大なる～様の御前にお送り申し上げます」

تقدیم به حضور باسعادت جناب آقای……

「幸運な〜様に献呈申し上げます」

حضور/خدمت محترم جناب آقای……تقدیم می‌شود

「尊敬する〜様に献呈申し上げます」

(جناب) آقای/(سرکار) خانم……(بازبین فرمایند)

「〜様（御検札下さいませ）」

ただし、これは宛名書きとしては、かなり丁重な部類に属すると考えてよい。

(2) 差出人の住所氏名は、次のように封筒の裏の上部に書かれることもある：

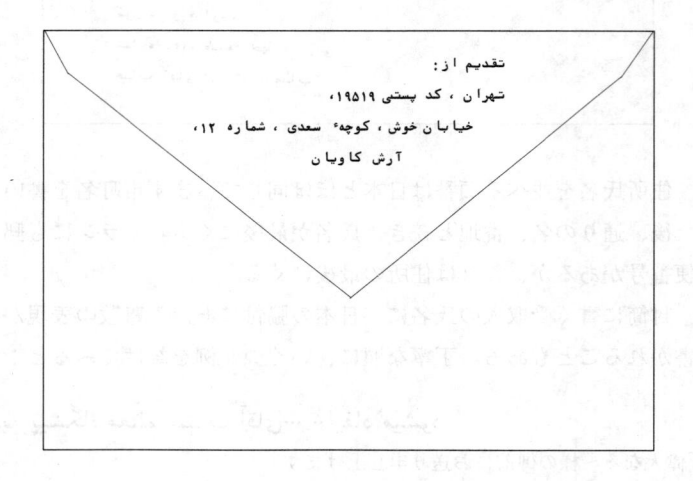

تقدیم از:
تهران، کد پستی ۱۹۵۱۹،
خیابان خوش، کوچهٔ سعدی، شماره ۱۲،
آرش کاویان

会社組織などでは、住所が封筒の左上部に印刷されていること

が多いが、個人の手紙でも、とくに封筒が大きくて余裕があれば、自分の住所氏名を封筒の左上部に書いてもよい。右上部は、切手用のスペースである。

§4. はがき・電報・メッセージ

短いメッセージを伝えるには、手紙以外に、はがき・電報・名刺がある。

1. はがき

イランには、日本のように年賀状をはがきで出す習慣はないが、旅先からの便りに、絵はがきが使われることは多い。

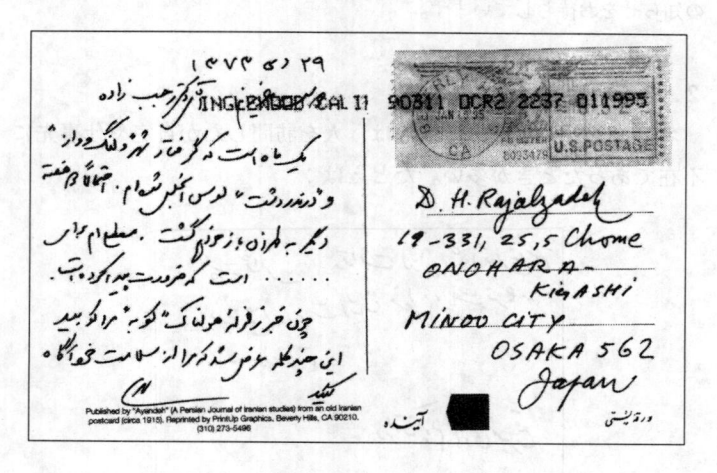

۲۹ دی ۱۳۷۳

دوست عزیزم، آقای دکتر رجب زاده

یک ماه است که گرفتار شهر ولنگ و واز و درندشت **لوس انجلس** شده‌ام. احتمالاً دو هفتهٔ دیگر به تهران باز خواهم گشت. معطلی‌ام برای ..... است که ضرورت پیدا کرده است.

چون خبر زلزلهٔ هولناک **کوبه** مرا کوبید، این چند کلمه عرض شد که مرا از سلامت خود آگاه کنید.

ハーシェム・ラジャブザーデ様

「だだっ広い荒れ野原」のロスアンジェルスに閉じこめられて一ヵ月になります。二週間後にはテヘランに戻れるかと思います。……が必要になって遅れてしまったのです。

恐ろしい神戸の地震のニュースに驚愕して、筆を執りました。ご無事の知らせをお待ちしています。

2. 名刺

名刺にメッセージを書くのは、人を訪問したが自宅や仕事先に不在であったときが多い。たとえば：

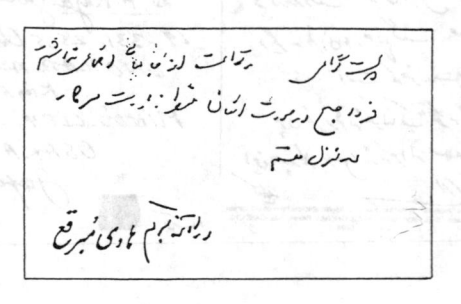

دوست گرامی   مدتی است از جنابعالی اطلاعی نداشتم
فردا صبح در صورت امکان منتظر زیارت سرکار
در منزل هستم

ارادتمند ... ...

しばらくご無沙汰しました。明朝お宅で大兄に拝眉したく存じます。

また、誰かを人に紹介したいが、封筒便箋が手元にないという場合、短いメッセージを名刺に書き付けることもある。

3. 電報

電報は、通信方法の多様化に伴って、イランでも以前ほど使われなくなってきた。それでも、電話が手元になかったり、冠婚葬祭で必要がある場合などに打たれる。

例として、テヘランに到着することを友人に知らせる電報を挙げると:

تهران پسیان خیابان دهم پلاک ۱۲ آقای سهیل جمعه ۲۶
با ایران‌ار می‌رسم مهرداد

「テヘラン、パスィヤーン、ダイジュウドオリ12バンチ、ソヘイルサマ、26キン　イランエア　チャク、メフルダード」

電報料金は、字数ではなく語数に基づいて計算される。

日本と同様、慶弔電報は儀礼として今でも広く使われている。祝賀電報は、先方に対する深い愛情と注目を示すものといえる。

— 55 —

弔電は、遠方にいて葬式や法事に出席できず、直接遺族にお悔やみを言えない場合に適当である。

　また、法律的な観点から電報が重要な意味を持つこともある。たとえば、借地人の賃貸契約更改のためには一ヵ月前までに貸主に通知しなければならないといった場合、借地人は電報を打つことで期限内に通知したことを証明できる。それは、電報文が電報局に保管されているし、発信の際、領収証や証明書を局から受け取るからである。[17]

---

17 因みに、日本ではこのような電報の使い方はないようである。

Ⅲ．手紙文の実際

　前章で述べた知識を基礎に、実際の手紙の例を用件別に並べていくことにする。もちろん、現実の手紙は複数の用件を含んでいることが多いため、読者には適宜組み合わせて使って頂きたい。

　主文前後の尊敬表現は、前章で詳しく説明したし、煩雑になるので、いちいち訳さない。日付から差出人名まで揃っている例もあるが、大半は必要最小限の例文に留めてある。

　各項の例文は、親密度の高さの順に並べるよう努めた。使用されている敬称・礼辞・結辞のランクによっても判断可能なので、厳密には、前章の各項にあるランク表を参照のこと。

　また、ペルシア語には、日本語のような性別による表現の区別が少ないので、「大兄」などといった訳語を鵜呑みにされないようにお願いしたい。

§1．おりにふれて出す手紙

1. 消息を知らせる手紙

　社交文は、祝賀・招待・弔慰など特定の目的で出される場合もあるが、私たちが最もよく書くのは、おりにふれて互いの消息を知らせ合う手紙ではないだろうか。そこで、学生からの簡単な手紙で、この章を始めることにする。

　この種の手紙は、形式にこだわらずに気軽に書けるのが長所だ

が、返事を書かなければ交際が途切れるという意味では、書き手の誠意が最も必要とされるものである。

[友人への手紙]

〈 1 〉

دوست مهربان، مهری،

سلام. حالتان چطور است؟ من حالم خوب است. ما از بهار همدیگر را ندیده‌ایم. من کار زیاد دارم. شاید شما هم کار زیاد دارید. در **اوساکا ـ گای ـ دای** ما باید زیاد درس بخوانیم. من در باشگاه ارکستر هم هستم. در این باشگاه ۸۰ نفر هستند. پس من اسم همه کس را نمی دانم. در باشگاه من همیشه با **جونکو** هستم. هنگامی که با او هستم، خیلی شادم. شهرش در **اهیمه** است. او در ماه هشت به آنجا خواهد رفت. راستی، من در تعطیل تابستان امسال کار نیم وقت خواهم کرد. می خواهم به جایی بروم. من دریا دوست دارم، اما سال پیش نرفتم. امسال با هم برویم. برای من نامه بدهید. خدا حافظ.

دوست شما،
کومیکو

メヘリー様
　こんにちは。お元気ですか？　私は元気にしています。春以来ご無沙汰していますね。私は忙しいし、あなたもきっとそうなのでしょう。大阪外大って勉強が大変なんです。オーケストラ部にもはいったし。部員

— 58 —

が80人もいてまだみんなの名前を覚え切れません。クラブでは、いつも淳子と一緒です。とっても楽しい子で、愛媛の出身です。8月には帰省するそうです。ところで、私は夏休み中アルバイトをするつもりです。どこかへ旅行したいですもの。海が好きなんだけど、去年は行けませんでした。今年は一緒に行きましょうよ。御返事をお待ちしています。ではまた。

〈2〉

دوست مهربانم،

سلام. حالت خوب است؟

در توکیو هوا چطور است؟ در اوساکا امروز باران تند بود.

راستی، من امروز با دوستان کلاسم پیش استاد فارسی رفتم. خواهرش برای ما غذای ایرانی درست کرد. غذایش خوش مزه بود، وچای هم خوش مزه بود. بعد، عکس های استاد را دیدیم. ویدئوی آواز و رقص ایرانی هم دیدیم. آن آواز و رقص قشنگ بود. ستاره، دختر خواهر او، را دیدم. او نازنین بود.

تعطیل تابستانی تو از کی است؟ در تعطیل تابستان به اوساکا خواهی آمد؟ چای گل سرخ بنوشیم.

همیشه خوشحال و تندرست باشی.

دوستت،

تومویا

در اوساکا

こんにちは。お元気ですか？ 東京はどんな天気ですか？ 大阪では

今日激しい雨が降りました。さて、ぼくは今日クラスメートと一緒にイラン人の先生のお宅にお邪魔しました。妹さんがおいしいイラン料理を作って下さいました。紅茶もおいしかったです。それから先生の写真を見せてもらいました。イランの音楽と踊りのビデオもみました。とてもきれいでした。妹さんの娘のセターレというかわいい子もいました。

　君の夏休みはいつからですか？　休み中に大阪に来るつもりはありませんか？　薔薇茶でも飲みましょう。

　では、お元気で。

[先生への暑中見舞]

〈3〉

استاد مهربان،

سلام. امیدوارم که حال شما خوب است. هوا گرم است، اما گاهی صبح و شب نسیم خنک است. شنبه به کیوتو رفتم. در آنجا، به کیومیزو درا، یاساکا جینجا، و چیئون این رفتم. شما کیوتو را دوست دارید؟ راستی، من نارا را هم دوست دارم. نارا قشنگ است.

در شوق دیدن شما در ماه آینده هستم. همیشه خوشحال و تندرست باشید.

هارومی

　先生、こんにちは。いかがお過ごしですか？　暑い日が続きますが、朝晩には涼しい風も吹きます。土曜日に京都へ行って、清水寺と八坂神社と知恩院を見てきました。京都はお好きですか？私は奈良も好きです。きれいですから。

　来月お目にかかるのを心待ちにしています。ご自愛を祈っています。

[友人の手紙への返事]

⟨ 4 ⟩

دوست مهربان،

سلام. امیدوارم که حال شما خوب است. من حالم خوب است. برای نامه و عکس از شما متشکرم.

زندگی امریکا چطور است؟ در ژاپن تعطیل تابستان تمام شد. اما هوا خیلی گرم است. توفان زیاد آمده است.

در تعطیل تابستان چند دوست دبیرستانمان را دیدم. آنها خیلی سرحال بودند. شما هم همیشه خوشحال و تندرست باشید.

در شوق دیدن شما هستم.

دوست شما،
ماساشی

こんにちは。お元気ですか。私は元気です。お手紙と写真をありがとうございました。

アメリカの生活はいかがですか？ 日本では夏休みは終わりましたが、まだとても暑いです。台風がよく発生しています。

夏休みには、高校時代の友達に会いました。みんな元気いっぱいでした。どうかお元気にお過ごし下さい。またお目にかかれることを楽しみにしています。

⟨ 5 ⟩

دوست دیرین گرامیم،

با تقدیم سلام و عرض ارادت، امیدوارم که همواره تندرست و خوش و موفق باشید. نامهٔ مورخ...حضرتعالی که سرشار از مهر و لطف

— 61 —

بود، سه روز پیش زیارت شد. از مژده سلامت شما بسیار خوشحال شدم.
از اینکه به یادم هستید سپاسگزار و خرسندم. روزهای جوانی و دورهٔ مدرسه برای من همیشه تازه و شیرین است.

انشاء الله که به شادی روزگار بگذرانید، و در کارهایتان همیشه مؤید و پیروز باشید. خدا یار و نگهدار شما باد!

お変わりなく、お元気でご清栄のことと存じます。…付けのご厚情溢れるお手紙を3日前に拝読致しました。御健勝の由、何よりと存じます。いつもお心に掛けて頂き、有難く存じております。学生生活を送った青春時代を、いつも昨日のことのように懐しく思い出しております。

お幸せに、お仕事の面でもご活躍なさいますよう願っております。神様の御加護がありますよう！

〈 6 〉

دوست بسیار ارجمند،

با سلام، برایتان تندرستی و خاطری شاد آرزو می کنم. نامهٔ...تان را با خرسندی فراوان دریافت کردم. امیدوارم که روزهای تعطیل تابستان را به خوبی گذرانده‌اید. گرفتاریهای دو سه ماه گذشته نگذاشت که به موقع برایتان چند خطی بنویسم. اینجا در نیمکره جنوبی، زمستان بسیار سردی را می گذرانیم. بچه‌ها حالشان خوب است و همچنان مایهٔ دلخوشی اند. خبر امکان سفرتان در تابستان مرا خوشحال و چشم به راه کرد. برای زودتر رساندن به پست، نامه را روی این کاغذ (ائروگرام) نوشتم، که می بخشید. با آرزوی توفیق،

ご健勝のこととお慶び申し上げます。…付けのお手紙を頂戴し、ありがとうございました。楽しい夏休みをお過ごしのことと存じます。こ

こ2、3ヵ月多忙に紛れてご無沙汰致しました。南半球の当地では、厳しい冬を送っております。子供たちは元気で、心を和ませてくれます。夏にいらっしゃるかもしれないというお話、楽しみにしております。早く着くようにと、航空書簡にしたためる失礼をお許し下さい。ご多幸を祈ります。

〈 7 〉

دوست عزیز و مهربان،

نامهٔ گرامیتان مورخ... را چند روز پیش با مسرت فراوان دریافت کردم، و از مژدهٔ تندرستی و توفیق شما در کارها بسیار خوشحال شدم. دیر شدن پاسخ نامه‌تان یکی به علت سرماخوردگی سخت بود و یکی برای فشرده شدن بیش از اندازهٔ کارهایم پیش از سفر. من برای رسیدگی به وضع تحصیل فرزندانم در پایان این ماه رهسپار اروپا هستم؛ دو هفته در لندن و یک هفته در پاریس خواهم ماند. اگر در آنجا کاری داشته باشید، از انجام دادنش خوشحال خواهم شد. سعادت و شادمانی شما و خانوادهٔ محترم را آرزو دارم.

ارادتمند،

…付けのお手紙を数日前に落手、有難く拝読しました。御健勝でご活躍の由、何よりと存じます。御返事が遅れましたのは、ひどい風邪をひいてしまったのと、旅行前で予定が詰まっていたためです。子供たちの留学先の状況を調べに、月末にヨーロッパに立ちます。2週間ロンドンに、1週間パリに留まる予定です。こちらでできることがありましたら、ご遠慮なくお申しつけ下さい。ご一同様のご清栄をお祈り致します。

〈8〉

دوست بسیار گرامی،

نامهٔ پرمحبت شما را چند هفتهٔ پیش یعنی درست روز قبل از عزیمت از تهران دریافت کردم و به همین علت پاسخ آن تا حال به تأخیر افتاد. به هرحال ما دو هفته را در لیون نزد برادر خانم گذراندیم و اکنون دو هفته است که به شهر وانس که در ۳۰ کیلومتری نیس است آمده ایم. شهر کوچک و بسیار زیبایی است و برای رفتن به دریا هم از ماشین نسبتاً ارزانی که در لیون خریدم استفاده می کنیم.

پسرم هم از لندن نزد ما آمده است و پس از نزدیک سه سال دوری همهٔ خانواده دور هم جمع شده‌ایم....در لیون هم توانستم ویزای امریکا را بگیرم و خیال دارم در اوایل پاییز به آنجا بروم، که در آنصورت حتماً سعی خواهم کرد که از طریق ژاپن به امریکا بروم که توفیق زیارت شما سرانجام پس از سالها نصیبم شود. ما بیست روز دیگر در وانس و دو هفته در پاریس خواهیم بود به ترتیبی که قبل از اول مهر که سال تحصیلی شروع می شود در تهران باشیم. از تهران هم از وقتیکه آمده‌ایم هیچ خبری ندارم و لابد اوضاع طبق معمول امن و امان است.

با شوق دیدارتان شما را به خدای بزرگ می سپارم،

ارادتمند،

ご親切なお手紙を数週間前、テヘランを出る直前に受け取りました。そのため、今までお返事が書けませんでした。ともあれ、私たちは2週間リヨンの家内の兄にお世話になってから、ニースから30キロのところにあるヴァンスの町に来て2週間になります。こぢんまりした、とても小さな町で、割合安く手に入ったので、車で海に出かけています。息子もロンドンからこちらに来たので、3年近く離れ離れだった家族がやっ

と一緒になれました。...リヨンでアメリカのヴィザが取れたので、初秋にはあちらに行こうと思っています。その時には絶対日本を通ってアメリカに行くつもりです。そうすれば、長年念願の再会が叶いますから。私たちはあと20日をヴァンスで、その後2週間をパリで過ごして、学校の始まるメヘル月1日までにテヘランに戻る予定です。テヘランとは、こちらに来てから連絡していませんが、きっといつも通り平穏だろうと思います。

お目にかかることを願いつつ、あなたを偉大な神に委ねます。

[贈り物へのお礼]

〈9〉

سرور عزیز و ارجمند،

سلام عرض می کنم. امیدوارم که همواره از نعمت آسایش و سلامت برخوردار باشید و شادروزی و پیروزی یارتان باشد. از اینکه مرا فراموش نفرموده و هر چند یکبار با فرستادن هدایای زیبا و ارزنده شرمندهٔ محبتم ساخته‌اید، صمیمانه سپاسگزارم. با قلم ناتوانم یارای امتنان ندارم و فقط پیوسته شکرگزارم که خداوند من و خانواده‌ام را از نعمت وجود دوست بزرگواری مانند جنابعالی بهره مند ساخته است. امیدوارم که روزی بتوانم سپاس اندکی از محبتهای بیکرانتان را بگزارم.

با آرزوی سلامت مدام و توفیق روز افزون شما،

ارادتمند،

お変わりなくご健康に恵まれ、ご清栄のこととお慶び申し上げます。私のことをお心に掛けていただき、折に触れて美しく貴重な品々を賜り、誠に恐縮致しております。言葉足らずで、とてもお礼の気持ちを言い表すことができませんが、ただただ神様が貴殿のような偉大な友人を私と

家族にお恵み下さったことを、感謝し続けるのみです。いつか数え切れないご厚情に幾分かでもお礼申し上げる日が来ることを願ってやみません。
　変わらぬご健康とご隆昌をお祈りしつつ

2. 旅にまつわる手紙

　ペルシア語を使った手紙の話題には、自ずと旅が絡んでくることが多いはずである。そこで、様々な旅にまつわる手紙を集めてみた。

[訪問を待つ]

〈10〉

دوست بسیار گرامی،

با سلام، از دریافت نامه تان بسیار خوشحال و سپاسگزار شدم. سفرتان به اینجا فرصت مغتنمی برای تجدید دیدار و صحبت خواهد بود، و خیال می کنم که به شما هم خوش بگذرد. اطلاع بدهید که در فرودگاه زیارتتان کنم.

دوستدارتان،

　お手紙拝読致しました。こちらへの御旅行は、再会と歓談のまたとない機会となりましょうし、きっと素晴しい時を過ごされることと存じます。お知らせ下さいましたら、空港まで参上致します。

[旅行の日程を知らせる]

〈11〉

دوست گرامی،

با عرض سلام، امیدوارم که همواره مؤید و کامیاب باشید. نامهٔ مورخ ۲۲ اوت شما بموقع رسید. بسیار ممنونم. برنامه ای که برای سفرم به ژاپن ترتیب داده‌ام چنین است: در تاریخ یکشنبه ۱۹ نوامبر از تهران حرکت می کنم و دو شنبه ۲۰ نوامبر وارد توکیو می شوم. قصد دارم روزهای دوشنبه ۲۰ و سه شنبه ۲۱ نوامبر را به دیدار از دانشگاه توکیو بگذرانم. روزهای چهار شنبه، پنج شنبه و جمعه ۲۲ تا ۲۴ نوامبر در کنفرانس... در ناگویا خواهم بود. صبح شنبه ۲۵ نوامبر به اوساکا خدمت شما خواهم رسید. روزهای شنبه و یک شنبه و دو شنبه مزاحم وقت شما خواهم بود. ساعت ۳ بعد از ظهر دو شنبه ۲۷ نوامبر از فرودگاه توکیو به تهران برخواهم گشت. پس قاعدةً باید صبح دو شنبه از خدمتتان مرخص بشوم. با این ترتیب مدت دو شب (شنبه شب و یکشنبه شب ۲۵ و ۲۶ نوامبر) در اوساکا اقامت خواهم داشت. ممنون خواهم شد اگر در هتل مناسبی اتاقی برایم بگیرید. از زحمت فراوانی که می دهم شرمنده ام.

با تجدید ارادت و به امید دیدار،

お変わりなくご清祥のことと存じます。8月22日付けのお手紙、安着致しました。有り難うございました。私の日本旅行の計画は以下の通りです：11月19日（日）にテヘランを出発し、11月20日（月）に東京に着きます。11月20日（月）と21日（火）は東京大学を訪問しようと思っております。11月22日から24日の水、木、金曜は、名古屋の〜学会に出席します。11月25日（土）の朝に、大阪でお目にかかりましょう。土、日、

月曜はお世話になります。11月27日（月）の午後3時に、東京空港発でテヘランに帰りますから、月曜の朝にお暇することになります。この様に、二晩（11月25、26日の土、日）大阪に宿泊しますので適当なホテルをご予約頂ければ幸いです。ご迷惑をおかけして恐縮ですが、よろしくお願い申し上げます。

[旅行中止を知らせる]

〈12〉

دوست ارجمند مهربانم،

با سلام و ثنا، امیدوارم که حالتان خوب است. نامهٔ مهرآمیزتان رسید و بسیار خوشحال شدم. سفرم به امریکا به علت دوری مسیر خاوردور و گرانی بلیت، اینبار از راه اروپا انجام خواهد شد. دریغ است که از لطف دیدار و صحبت و مهمان نوازی دلپذیرتان محروم خواهم بود. همچنان در شوق دیدارتان خواهم ماند. همهٔ دوستان را سلام برسانید.

ارادتمند،

お元気のことと拝察致します。ご厚情あふれるお手紙を頂き、うれしく存じました。私のアメリカ旅行は、極東回りルートでは遠く、費用もかさむため、今回はヨーロッパ回りで行くことになりました。あなたにお目にかかって、お話ししたり、楽しく過ごしたりできないのが残念でたまりません。次にお会いできる機会を楽しみにしています。友だちみんなによろしくお伝え下さい。

⟨13⟩

دوست مهربان گرامی،

با تقدیم سلام و عرض ارادت و ادب فراوان، سلامت و توفیق شما را آرزومندم. نامهٔ ۱۰ نوامبرتان رسید؛ بسیار سپاسگزارم. باری، با کمال تأسف سعادت یاری نکرد که زیارتتان کنم. علت این بود که همسرم ناگهان بیمار شد طوریکه ماندنم را در تهران ناگزیر نمود. متأسفم که بی‌اندازه زحمت برای شما فراهم کردم. تلگرامی دربارهٔ انجام نشدن سفرم دیروز برایتان فرستادم. امیدوارم که به‌موقع دریافت فرموده و منتظر نمانده باشید. لطفاً حضور عموم دوستان سلام عرضه دارید و از طرف اینجانب سپاسگزاری و عذرخواهی کنید.

دوستان در اینجا به شما سلام فراوان می رسانند. اگر اوامری دارید بفرمائید تا با کمال میل انجام بدهم. کتابی به یادگار برایتان با پست جداگانه می فرستم. موفق باشید.

با تجدید امتنان،

お元気でお過ごしのことと存じます。11月10日付けのお手紙拝受致しました。誠に有り難うございました。さて、本当に口惜しいのですが、運命のいたずらでお伺いすることができなくなってしまいました。実は、妻が急病になり、私がテヘランに留まらざるを得なくなったのです。あなた様には途方もないご迷惑をおかけして、申し訳もございません。旅行中止の電報を昨日打ちましたので、私を待ちぼうけされておられることがないことを願っております。どうか友人の面々にご鳳声いただいて、小生からのお礼とお詫びをお伝え下さい。

こちらの友人たちから、心からよろしくとのことです。もしご用がございましたら、何なりとお申し付け下さい。手土産にするつもりでした本を、別便でお送り致します。ご多幸を祈ります。

[旅行者に託す挨拶の手紙]

〈14〉

دوست عزیز ارجمندم،

امیدوارم که حالتان خوب باشد و با سرفرازی و کامرانی روزگار بگذرانید. چون دوستم...عازم دیار شما بود، فرصتی شد تا به این وسیله تجدید سلام و عرض ارادت کنم. ایام به کام باد.

お元気でご活躍のことと存じます。友人の〜がそちらに向かうというので、一言ご挨拶申し上げたく筆を執りました。お元気で。

[会えなかった友へ]

〈15〉

حضور گرامی جناب آقای...،

امیدوارم که حالتان خوب است.

به وسیلهٔ یکی از دوستان از آمدنتان به اوساکا اطلاع یافتم. گفتند که برای کار تجاری آمده‌اید و حدود یک هفته می مانید. چند بار کوشیدم تا تلفنی عرض سلام و ادب کنم، اما در هتل تشریف نداشتید. باید خیلی گرفتار باشید و نمی خواهم مزاحم وقتتان بشوم. در سفر سال گذشته‌ام به تهران از پذیرایی و مهمان نوازی شما و خانواده‌تان برخوردار شدم. محبتتان را همواره در یاد دارم و سپاسگزارم.

هدیهٔ کوچکی از کارهای دستی ژاپن به یادگار تقدیم می شود. امیدوارم که بپسندید.

سفر خوش بگذرد و در کارهایتان موفق باشید. لطفاً سلام مرا

حضور همسر گرامیتان برسانید.

با احترام،

　お元気でいらっしゃいますか。友人から、あなたが大阪にお出でになっていることを聞きました。お仕事で一週間ほどご滞在とか。何度か電話でご挨拶しようと試みましたが、ホテルにはいらっしゃいませんでした。随分お忙しそうなので、お邪魔すまいと思っております。昨年テヘランに旅行致しました折には、あなたにもご家族様にも本当にご歓待頂きました。ご親切忘れ難く、常々感謝致しております。
　つまらない物ですが、日本の手工芸品をお土産に差し上げます。お気に召せば幸いです。楽しいご旅行とお仕事のご成功を祈っております。奥様に、どうぞよろしくお伝え下さい。

[友を送って]

〈16〉

دوست گرامی،

با عرض سلام و ارادت، امیدوارم که حالتان خوب است و سفر خوش گذشته است. از اینکه در گذرتان از این دیار موهبت دیدارتان را به ما دادید، بسیار خوشحال شدیم و سپاسگزاریم. چند قطعه عکس را که به یادگار با هم برداشته بودیم و چاپ شده است، برایتان می‌فرستم.

همسرم و بچه ها همه خوبند و خدمت شما سلام می رسانند.

در شوق زیارت دستخط عزیزتان هستم. ایام به کام باد.

با مهر بسیار،

　お元気ですか。旅行を楽しまれたことを願っております。こちらにいらっしゃった折にお目にかかることができて、本当にうれしゅうございました。記念に撮りました写真ができてきましたので、何枚か送らせて

いただきます。

　妻も子供達も元気にしており、あなた様にどうぞよろしくと申しております。お便りを鶴首してお待ち申し上げております。ご多幸をお祈り致します。

[旅行から帰って]

〈17〉

دوست عزیز و مهربانم،

دیروز از راه رسیدم و امروز نخستین کار خود را نگارش این چند کلمه در بیان احساس درونیم دانستم تا مگر ذره‌ای از محبت و بزرگواری آن دوست گرامی را پاسخگو باشم. بحمدالله هواپیما به موقع حرکت کرد و سر ساعت به مقصد رسید. دیروز ساعتی را به سخن از بزرگواریهای شما برای همسر و فرزندم گذراندم. امیدوارم که قابل و قادر به جبران اینهمه محبت باشم. خواهش دارم سلام مرا به دوست مشترکمان...یادآوری کنید. روزگارتان خوش باد.

ارادتمند،

　昨日安着致しました。心ばかりのお礼を申し上げたく、取り急ぎペンを執りました。お陰様で飛行機は予定通り出発し、定刻に到着いたしました。昨日は、家人にあなた様のおもてなしの数々を、しばし話し聞かせました。いつかご恩返しのできることを願っております。共通の友人～に、どうかよろしくお伝え下さいませ。ご多幸をお祈り致します。

〈18〉

دوست ارجمندم،

سلام و سپاس مرا از الطاف همیشگی خود بپذیرید. پس از ایران،

ده روزی در پاریس و دوازده روزی در امریکا گذراندم؛ اما بهترین بخش سفرم دیدن اصفهان و ملاقات با شما بود. گرفتاریهای زندگی وبازگشت به کار اداری فرصت نداد تا زودتر عرض تشکر کنم.

برای اوامری که در توکیو داشته باشید، درخدمتم و از انجامش خوشحال خواهم شد. امیدوارم که روزگارتان سرشار از شادی و کامیابی باشد.

با تجدید امتنان،

常々一方ならぬお世話を賜り、本当にありがとう存じます。イランを発った後、パリで10日間、米国で12日間過ごしましたが、今回の旅行で一番の収穫は、イスファハンに行けたことと、あなたに会えたことでした。日常の些事に紛れ、また仕事に戻って忙しく、お礼を申し上げるチャンスがありませんでした。

東京でお役にたてることがございましたら、遠慮なくお申し付け下さい。喜びと幸福の溢れる日々を送られますよう願っております。

[留学先の先生への手紙]

〈19〉

استاد گرامیم،

با عرض سلام، امیدوارم که حالتان خوب است و جنابعالی و خانوادهٔ ارجمندتان با تندرستی و شادی می‌گذرانید. پنج ماه است که به ژاپن برگشته‌ام. درسم را در دانشگاه دنبال می کنم. خوشحالم که باز پیش خانواده‌ام هستم و دوستان تحصیلی‌ام را می بینم. اما برای آن استاد گرامی و دوستان ایرانی هم دلم تنگ می شود. در ایران روزهای خوش داشتم. همه با من مهربان بودند. مردم دوست داشتنی و جاها و

چیزهای قشنگ و آثار تاریخی زیاد دیدم. از آنجا یادهای فراموش نشدنی دارم. در چند ماههٔ گذشته درسهایم زیاد بود و نتوانستم حضورتان نامه بنویسم. اما همیشه به یاد مهربانیهایتان بوده‌ام. موسیقی ایرانی هم پیوسته در یاد و دلم هست. به لطف جنابعالی با نواختن سنتور آشنا شدم. تقریباً هر روز تمرین می‌کنم تا یادم نرود. ماه گذشته یک گروه نوازندگان محلی ایران به ژاپن آمده بودند و یک شب هم در اوساکا برنامه اجرا کردند. با چند دوستم به آن‌کنسرت رفتم، و از شنیدن موسیقی ایرانی پس از مدتها به شوق آمدم.

خانواده‌ام و دوستانم که از من در باره ایران و دیدنیها و مردم آن می‌شنوند می‌گویند که دوست دارند که ایران را ببینند. من هم آرزو می‌کنم که هر چه زودتر بتوانم باز به ایران سفر بکنم و آن استاد عزیز و دوستان ایرانی را باز ببینم. لطفاً سلام مرا به دوستان کلاس موسیقی برسانید. همهٔ آنها با من مهربان بودند و یاری زیاد کردند. با کمک آنها فارسی‌ام پیشرفت کرد. خواندن فارسی را پیش خودم ادامه می دهم. لطفاً اگر فرصت دارید اشتباههای نامه‌ام را درست کنید و برایم بفرستید تا مثل همیشه در سایهٔ لطفتان یاد بگیرم. همیشه سپاسگزار مهربانیهایتان خواهم بود.

با آرزوی شادکامیتان و با احترام،

　先生とご家族の皆様におかれましては、ご健勝のこととお慶び申し上げます。日本へ帰国して5ヵ月、復学して、また家族や学友に会えたことはうれしいのですが、先生やイランの友人たちのことを思うと、寂しい思いがいたします。イランでの生活は楽しく、みんなに親切にして頂きました。素敵な人々に出会い、美しい物や歴史的遺跡もたくさん見て、忘れることのできない思い出の数々を与えられました。この数ヵ月間、

勉強が忙しくてお手紙を差し上げることができませんでしたが、先生のご親切の数々を忘れたことはありません。イラン音楽のことも、常に私の頭と心の中にあります。先生のおかげで、サントゥールの演奏のてほどきを受けることができました。ほぼ毎日、練習をして忘れないよう努力しております。先月、イランの民族音楽のグループが来日して、大阪でも公演がありました。友だちとそのコンサートに出かけて、久しぶりにイラン音楽を堪能しました。

家族の者や友だちにイランの話をすると、皆イランに行ってみたいと申します。私も、できるだけ早くまたイランに旅行して、先生やイラン人の友だちに再会したいものだと願っております。どうか音楽教室の友人たちに宜しくお伝えください。皆、親切に私を助けてくれました。ペルシア語が上達したのも、彼らのおかげです。ペルシア語の独習は、続けていくつもりです。もしお時間がありましたら、私の手紙の間違いを直して、ご返送下さい。これまで通り、先生のご指導を受けられることになりますでしょう。先生のご親切には、感謝の気持ちを忘れることはないと存じております。

[旅行用の小物を借りた相手に礼を述べる]

〈20〉

دوست بسیار گرامی،

با عرض سلام، امیدوارم که تندرست و کامیاب هستید.

هفتهٔ پیش از سفر اسپانیا بازگشتم. برای من و خانواده‌ام سفری خوش و به یادماندنی بود. به لطف آندوست ارجمند و با استفاده از خودآموز مرحمتی، با مقدمات زبان اسپانیایی در حد رفع نیاز آشنا شده بودیم، و این آمادگی به آسانی و خوشی سفرمان بمراتب افزود. با سپاس فراوان، خودآموز امانتی را با این نامه بازمی‌گرداند. هدیهٔ کوچکی نیز،

یادگار این سفر، تقدیم می شود. امید است که بپسندید.
ارادتمند،

　お元気でお過ごしのこととお慶び申し上げます。
　先週、スペイン旅行より帰りました。私にも家族にも、楽しい思い出一杯の旅となりました。お陰様で、拝借しました独習書を使って何とか必要最小限の会話が可能たっだものですから、旅行が大いに容易に、楽しくなりました。拝借した本を、この手紙と共に感謝をこめて、お返し致します。今回の旅行の土産の品も、些少ながら送らせて頂きます。お気に召せば幸いです。

§2. お祝いの手紙とその礼状

　慶事にちなんで送る短いメッセージの中で、最も一般的なのは年賀状である。このほか、誕生日、試験合格、卒業、結婚、子供の誕生、昇進などの機会にも、お祝いの手紙を送ることがある。祝詞は新聞に掲載されることもある。

1. 年賀状

　古代から春分を一年の始まりとしてきたイラン人は、今でもこの正月を大々的に祝う。年賀状のやりとりも盛んで、シーズンになると店頭に様々なカードが並ぶ（はがきは使わない）。その中から好みのデザインや祝詞入りのものを選び、それに自筆の挨拶を加える場合が最も多い。

　数が多ければ、まとめて印刷に出す人もいる。この場合は、相

手を選ばず出せる祝詞を工夫する必要がある。

　中には、新年の祝詞を自筆でしたためるのを好む人もいる。日本と同じく書道が盛んなお国柄なので、とくに達筆の人は腕の見せ所というわけである。

　ではまず、便利な敬称と祝詞の対照表を挙げておくので、参考にして頂きたい。

	敬称	祝詞
かしこまって	ـ استاد / پدر / مادر / ...ارجمند ، ـ " " " محترم، ـ بزرگوار، ـ سرور ارجمند ، ـ " محترم، ـ " بزرگوار، ـ " معظم، ـ " والامقام، ـ پیشگاه والای سرور / استاد / پدر / ...ارجمندم / بزرگوارم،	ـ در آستانهٔ سال نو، شادباش صمیمانه حضورتان تقدیم می‌دارد ـ فرارسیدن نوروز را (به) حضورتان شادباش عرض می‌کند و سالی سرشار از برکت و بهروزی برایتان آرزو دارد. با احترام، ـ با تقدیم تبریک نوروزی، سعادت پاینده و توفیق پیوستهٔ جنابعالی را از خداوند بزرگ خواستار است. با عرض احترام، ـ آغاز سال نو را تبریک عرض می‌کند. برای مراحمتان همواره امتنان دارد. با تقدیم احترام، ـ نوروز و سال نو را به پیشگاه والا شادباش می‌گوید و این فرصت را برای عرض سپاس برای لطف و مهر همیشگیتان مغتنم می‌دارد. با احترام،

一般的	ـ دوست / برادر / خواهر / ... ارجمند ، ـ " " " " گرانقدر، ـ " " " " گرانمایه، ـ " " " " مهربان،	ـ آغاز سال نو را تبریک می‌گویم. امیدوارم که سالهای خوش در پیش داشته باشید. ـ نوروز فرخنده و سال نو را صمیمانه شادباش می‌گویم. ـ فرا رسیدن سال نو را (حضورتان) تبریک می‌گویم. ـ شادباشهای نوروزی را تقدیم می‌دارد. ـ سال نوین خجسته باد ! ـ عیدتان مبارک باد ! ـ نوروزتان مبارک باد !
打ちとけて	ـ دوست خوبم / دوست مهربانم، ـ دوست عزیز / دوست ارجمند ، ـ دوست گرامی، ـ یار نازنین، ـ مهربانم، ـ نازنینم،	ـ سال نو فرخنده باد. شاد و پاینده باشی. ـ نوروزت خجسته و هر روزت نوروز باد ! ـ نوروزت پیروز باد ! ـ سال نو (بر آندوست نازنین مهربان) مبارک باد ! ـ عیدت مبارک (باد)!

[印刷済み祝詞]

عید سعید نوروز و آغاز سال نو را بحضور
محترم صمیمانه تبریک عرض مینمایم.

بمناسبت عید سعید نوروز
تبریکات صمیمانهٔ خود را تقدیم میدارد

[市販のカードに添えるメッセージ]

〈21〉

دوست ارجمندم،

با آرزوی تندرستی و پیروزی برای شما، فرارسیدن نوروز خجسته و گام نهادن به سال نو را از ته دل تبریک می گویم.

هر روزتان نوروز و نوروزتان پیروز باد!

輝かしい新年を迎えたことを心より祝い、ご健勝と御成功を祈ります。
日々これ元旦にして、栄えある元旦たれ！

⟨22⟩

استاد/سرور ارجمندم، جناب آقای...،
سرکار خانم...،
سال نو را به حضور شما و خانواده محترمتان تبریک می گویم
و سالی پر از برکت و سلامت و سعادت برایتان آرزو می کنم.
با احترام،
... ...
نوروز ۱۳۷۶

~先生
新年を寿ぎ、ご家族ご一同様のご多幸とご健勝をお祈り致します。

1376 年元旦

[手書きの年賀状]

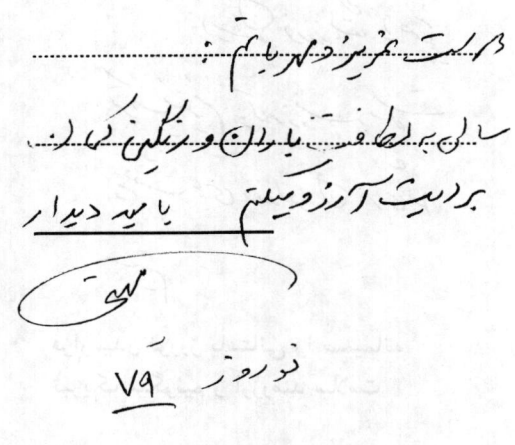

نوروز ۶۷

دوستان بسیار گرامی

فرارسیدن نوروز باستانی و سال نو را
صمیمانه تبریک میگوئیم و آرزو داریم نوروزی
بهتر و سالی خوش‌تر درپیش داشته باشید.

دوست بسیار گرامی،
فرارسیدن نوروز باستانی و سال نو را
صمیمانه تبریک میگوئیم و آرزو داریم نوروزی
بهتر و سالی خوش‌تر درپیش داشته باشید.

فرارسیدن نوروز باستانی را صمیمانه
تبریک میگوئیم و آرزومند سلامت
و موفقیت های روزافزون برای شما
هستیم.

فرارسیدن نوروز باستانی را صمیمانه
تبریک میگوئیم و آرزومند سلامت

و موفقیت های روزافزون برای شما هستیم.

[手紙の文頭および文末の新年の挨拶]
　新年の前後に出す手紙にふさわしい挨拶をまとめておく：
〈23〉
با سلام و تجدید عهد مودت، آغاز سال نو خورشیدی را از صمیم دل تبریک می‌گویم. نامهٔ مهرآمیزتان رسید و خوشحال و سپاسگزارم کرد. ....

　謹んで新年の祝詞を申し上げます。御懇切なお便りを頂戴し、ありがとうございました。…

〈24〉
پس از عرض سلام، با تبریک سال نو تندرستی شما را از درگاه خداوند خواهانم و برای شما و خانوادهٔ ارجمندتان آرزوی کامیابی هر چه بیشتر دارم. ....

　新年を寿ぎ、ご健勝をお祈りいたします。ご家族ご一同様の益々のご多幸を願っております。…

〈25〉
با عرض سلام، امیدوارم که سال نورا به خوبی و خوشی آغاز کرده‌اید. دیدار و گفتگوی با شما در ماه پیش برایم بسیار دلپذیر و شادی بخش بود. در شوق دیدارها و گفتگوهای بیشتر می مانم. ....

— 83 —

... ...

بەامید تابنده تر شدن خورشید سعادتتان در سال نو،

楽しい新年をお迎えのことと存じます。先月お目にかかって、本当にうれしい時を過ごせました。またお会いできることを心待ちにしております。…

新しい年の幸福の太陽がより輝きを増しますように。

〈26〉

با عرض سلام و شادباش نوروزی و آرزوی برکامیتان، پیشاپیش از زحمتی که می دهم پوزش می‌خواهم.…

... ...

با سلام و تشکر مجدد. خانم عرض سلام و تبریك نوروزی دارد.

新春を寿ぎ、ご多幸を祈りつつ、今後のご迷惑を前もってお詫び申し上げます。…

取り急ぎ、ご挨拶とお礼まで。家内からも新年のご挨拶をお伝え下さいとのことです。

〈27〉

... ...

با نزدیک بودن سال نو، این فرصت را برای تبریک و آرزوی توفیق شما در سال جدید مغتنم می شمارم.…

… 新年を間近に控えて、来る年のご多幸をお祈りする機会とさせて頂きます。…

〈28〉

در این فرصت که سال نو نزدیک است، بهترین شادباشهای خود را حضورتان تقدیم و تندرستی و کامیابیتان را در سال تازه آرزو می کنم.

…　新年を控えて、心からの挨拶を送り、来る年の健康と幸運を願っています。

〈29〉

… … … …

چون سال نو در پیش است، من و خانم خواستیم با این چند کلمه آرزوی سالی خوش برایتان بکنیم. همواره تندرست و دلشاد باشید.

با تجدید سلام،

…　もうすぐ新年なので、妻と僕から年賀の言葉をお送りします。お元気で、お幸せに。

[年頭に出す手紙]

実際に年頭に出された手紙を3例挙げておこう。

دوست دانشمند و عزیزم جناب آقای دکتر رجب زاده

با سلام و درود فراوان. امیدوارم در کمال صحت
و سلامت باشید. فرارسیدن نوروز باستانی
را به حضرتعالی تبریک می گویم و برای شما
بهروزی و پیروزی آرزو می کنم و هنوز همچنان
منتظر نامهٔ شادی بخش شما هستم.

موفق و مؤید باشید.

قربان شما

۷۳/۱۲/۱۰

دوست دانشمند و عزیزم، جناب آقای دکتر رجب زاده

با سلام و درود فراوان. امیدوارم در کمال صحت و سلامت باشید. فرا رسیدن نوروز باستانی را به حضرتعالی تبریک می گویم و برای شما بهروزی و پیروزی آرزو می کنم و هنوز همچنان منتظر نامهٔ شادی بخش شما هستم.

موفق و مؤید باشید.

قربان شما،

جناب آقای دکتر رجب زاده استاد محترم دانشگاه معتبر ازاکای ژاپن سلمه الله

با کمال خوشوقتی مقرون به امتنان ملاطفت نامه آن استاد ارجمند را
زیارت کرد امیدوارم پیوسته خوش و خرم و موفق به انجام
خدمات علمی و ادبی باشند که مایه حسن توجیه ملت و وطن شما باشد
چون تقدیم این نامه با ایام نوروز موافق اتفاق افتاده
خواهش دارد مراتب تبریک و تهنیت سال نو را از این
ارادتمند اهل علم و ادب بپذیرید. با تجدید احترام

محمد محیط

۱۳۶۷/۱/۲

جناب آقای دکتر رجب زاده، استاد محترم دانشگاه معتبر ازاکای ژاپن
سلمه‌الله

با کمال خوشوقتی مقرون به امتنان ملاطفت نامهٔ آن استاد ارجمند را زیارت کرد. امیدوارم پیوسته خوش و خرم و موفق به انجام خدمات علمی و ادبی باشند که مایهٔ حسن توجیه ملت و وطن شما باشد. چون تقدیم این نامه با ایام نوروز موافق اتفاق افتاده خواهش دارد مراتب تبریک و تهنیت سال نو را از این ارادتمند اهل علم و ادب بپذیرید.

با تجدید دعای خیر و برکت،

محمد محیط طباطبائی
۱۳۶۷/۱/۳

⟨30⟩

دوست گرانمایه،

با سلام و عرض ارادت خالصانه، پیش از هر چیز سال نو را تبریک می گویم و آرزو می کنم که امسال و همهٔ سالها برایتان با کامیابی و پرباری بگذرد.

ششم فروردین بود که نامهٔ پرمهرتان رسید می خواستم بیدرنگ جواب بنویسم که عدم مساعدت روزگار مانع آمد و پای همسرم شکست و کارها در بوته تعویق افتاد، و شعر زیر به خاطرم آمد:

اگر محوّل حال جهانیان نه قضاست
چرا مجاری احوال بر خلاف رضاست
هزار نقش ببندد زمانه و نبود
یکی چنانکه در آیینه تصور ماست

باری، ...تا فراموشم نشده است بگویم که دیروز فیلمی از زندگی رشیدالدین فضل‌الله در تلویزیون نشان داده شد که باز یاد شما افتادم، اگرچه همیشه در خاطر من می باشید ...

در شوق دیدارتان می مانم،

با درود فراوان،

まず、新年のご挨拶を申し上げ、本年と来る年々が、幸いと実りの多い日々でありますよう願っております。

ファルヴァルディーン月６日に、ご懇切なお手紙と『～』１冊を拝受致しました。バハマン月にお手紙を頂戴した際、すぐにお返事を差し上げるつもりでしたが、運悪く妻が足を骨折し、何もかも延び延びになってしまいました。こんな詩を思い出しました：

世人の所業が運命ならずば
　　世のうつろいが意に添わぬは何故
世は千もの企みを示すが
　　我らの思いに適うもの一つとしてなし

ともあれ…失念しない内に申しますが、昨日ラシード＝ウッディーン・ファズロッラーの伝記映画がテレビで放映されて、またあなたのことを思い出しました。もちろん、いつも忘れたことはありませんが…

再会を期しつつ

[年賀状への返事]

〈31〉

تقدیم برای عرض تشکر و وتبریک متقابل

謹んで新年のご挨拶にお礼申し上げます。

〈32〉

جناب آقای...

فرارسیدن سال نو، ۱۳۷۶، را متقابلاً تبریک می گویم و برایتان آرزوی تندرستی و کامیابی دارم.

با سلام و امتنان،

1376年の訪れを互いに祝い、ご多幸を祈ります。

〈33〉
دوست گرامیم، ...
با سلام و سپاس از لطف جنابعالی در ارسال کارت زیبای تبریک و نامهٔ محبت آمیز، به سهم خود حلول سال نو را تبریک می‌گویم. آرزو دارم که سال تازه برایتان بهتر از همیشه و سرشار از سعادت و شادی باشد.

... ...
نوروز ۱۳۷۶

ご丁重に美しいお年賀状とご厚情溢れるお手紙を頂戴し、有難うございました。私からも新年のお祝いを申し上げ、益々希望と喜びに満ちた一年になりますようお祈り致します。

1376 年元旦

[喪中欠礼の挨拶]
イランには、喪中欠礼の挨拶状を出す習慣はないが、逆に、喪中の友人や知人を思いやって、次のような挨拶状を年末に出すことがある：

〈34〉
دوست گرامی، خانم... /همکار ارجمند، آقای...
سلام عرض می کنم. حال سرکار چطور است؟ امیدوارم که تعطیل نوروز به شما خوش بگذرد و سال نو برایتان مبارک باشد.
چند ماه پیش پدربزرگتان درگذشت. روح آن مرحوم شاد باد. پس، برایتان کارت تبریک نمی فرستم، اما اجازه می خواهم که با این

نامه برایتان در سال نو، ۱۹۹۷، آرزوی شادی و تندرستی و سعادت کنم. همیشه موفق باشید.

دوستدار شما،

いかがお過ごしですか？　つつがない御越年と、来る年のご多幸をお祈り申し上げます。
　数ヵ月前に亡くなられたお祖父様のご冥福を祈り、御服喪中のことと存じ、新年のご挨拶を控えさせて頂きますが、来る1997年の御清福を願っております。

また、私たち日本人としては、次のような挨拶状を工夫してみても良いかもしれない：

〈35〉

با تقدیم سلام و تحیّات،
تندرستی و دلشادی جنابعالی را آرزو دارد.
در سالی که گذشت، پدرم به رحمت ایزدی پیوست. به رسم ژاپنی، چون خانواده‌ام سوگوار است امسال از تقدیم کارت تبریک نوروزی معذورم. اجازه می‌خواهد که با این نامه ضمن عرض معذرت آرزوهای نیک خود را برای سلامت و سعادت جنابعالی در سالی که در پیش است تقدیم دارد.

با احترام،

あなた様にはいよいよご清栄のこととお喜び申し上げます。
　本年、父が天に召されました。日本の服喪の習慣に従い、年頭の賀詞を御遠慮させて頂きます。来る年のご健勝とご多幸を祈ります。

2. クリスマスカードと西暦の年賀状

イランには、アルメニア系の人々を中心に、キリスト教徒も少なくない。また、外国に在住するイラン人も多い。そのような相手とは、クリスマスカードのやりとりもあるだろう。

〈36〉

با درود فراوان،

عید فرخنده میلاد مسیح و سال نو میلادی، ۱۹۹۷، را به حضورتان تبریک می‌گوید.

تندرستی و شادکامی جنابعالی و خانواده و بستگان ارجمندتان را در سالی که در پیش است، و در همهٔ سالهای آینده، آرزو دارد.

با احترام،

クリスマスと1997年の新年を謹んでお祝い申し上げます。ご家族ご一同様のご健勝とご多幸が、来年のみならず未来永劫続きますよう願っております。

〈37〉

با تجدید مودت،

عید کریسمس و سال نو مسیحی، ۱۹۹۷، را شادباش می‌گوید.

امید است که این سال بر شما مبارک باشد و همه پیروان حضرت عیسی مسیح در پرتو تعالیم مقدسش از رفاه و سعادت هرچه بیشتر بهره مند باشند.

با درود فراوان،

クリスマスと西暦1997年の新年おめでとうございます。
　来る年のご多幸を願い、イエス・キリストの聖なる教えに従う者すべての幸福がいや増しますことをお祈り申し上げます。

3. 誕生日祝いとその礼状

[友人の誕生日]

〈38〉

دوست گرامی مهربانم،
سالروز تولدتان را تبریک می‌گویم. در این روز خجسته، سعادت و بهروزی در زندگی، همراه با تندرستی و شادکامی، برایتان آرزو می‌کنم.

دوست همیشگی شما،

　誕生日おめでとう。このめでたい日にあたり、ご多幸とご健康を祈ります。

〈39〉

دوست ارجمند و پرمهرم،
از دریافت تبریک صمیمانه تان برای روز تولدم خوشحال شدم. سپاسگزار محبتتان هستم. شوقم در هر سالگرد تولد یادآوری لطف آمیز خویشان و دوستان نازنین بوده است. از گذشت سالها می آموزم و مهربانی عزیزان را قدر می شناسم.

با امتنان فراوان،

— 93 —

誕生祝いのカードを頂き、ありがとうございました。毎年誕生日が巡ってくる毎に大切な家族や友人が下さるお祝いの言葉が、僕の何よりの喜びです。年を経る毎に、身近な人たちの有難さを感じています。

[姪の18歳の誕生日を祝う]

〈40〉

فرزانهٔ عزیز،

با مسرت بسیار، هیجده سالگی‌ات را تبریک می گویم. خوشحالم که با توشه‌ای از دانش و تجربهٔ حاصل از علم آموزی و معرفت جویی از سالهای نوجوانی به دورهٔ رسیدگی گام می‌گذاری. توفیق روزافزون برایت آرزو دارم. (هدیهٔ کوچکی به مبارکباد این روز فرخنده تقدیم شد.)

دوستدارت،

ファルザーネさま
18歳のお誕生日おめでとうございます。あなたが向学心に支えられた知識と経験をもって、大人の世界に歩を進めることをうれしく思います。益々の御成功を祈ります。(お祝いに、つまらない物ですがプレゼントします)

〈41〉

عموی بزرگوارم،

با تقدیم سلام، آرزوی تندرستی و کامیابی وجود معظم را دارد. از دستخط مبارک (و هدیهٔ ارزنده) که به شادباش هیجده سالگیم مرحمت فرموده بودید خوشحال و سرافراز شدم. همواره سپاسگزار مراحمتان خواهم بود. امیدوارم که همچنان از راهنمائیها و یاریهای معنوی

بزرگوارانه تان بهره‌مند باشم.

با تقدیم احترام،
فرزانه

叔父様
　ご清祥のこととお喜び申し上げます。ご丁寧なお便り（と素晴しいプレゼント）を、私の18歳の誕生祝いにお送り頂き、本当にありがとうございました。ご厚情に感謝致しております。これからもご指導御鞭撻のほど、よろしくお願い致します。

ファルザーネ

4. 合格祝いとその礼状

〈42〉

دوست عزیزم،
با خوشحالی بسیار، مژدهٔ موفقیت شما را در امتحان ورودی دانشگاه شنیدم.
این پیروزی درخشان را، که شایستهٔ آن هستید، به شما تبریک می‌گویم و آینده‌ای روشن و پرسعادت برایتان آرزو می‌کنم.
دوست شما،

　あなたの大学入試合格の吉報を聞き、たいへんうれしく存じました。
　あなたにふさわしい輝ける勝利を祝い、明るく幸せな未来を願ってやみません。

〈43〉

دوست ارجمندم،

با عرض سلام و آرزوی تندرستیتان، برای نامهٔ پرمهرتان در تبریک قبولیم در امتحان ورودی دانشگاه سپاسگزارم. این توفیق را تا اندازهٔ بسیار به لطف تشویق ها و یاریهای معنوی آندوست بزرگوار یافته‌ام.

کامیابی و دلشادیتان را همواره آرزو دارم.

با امتنان و احترام،

私の大学入試合格を祝う御親切なお手紙をありがとうございました。これもあなた様のご指導御鞭撻の賜と存じております。
いつも御幸福をお祈り申し上げております。

5. 結婚祝いとその礼状

結婚のお祝いにはプレゼントがつきものだが、祝いの品を送る場合、もし結婚式に出席していれば、手紙やメッセージを付ける必要はない。

[友の結婚を祝う]

〈44〉

دوست ارجمندم، جناب آقای...،
سرکار خانم...،

با خوشحالی فراوان، از ازدواج فرخنده‌تان آگاه شدم. این پیوند خجسته و آغاز زندگی نوین را از صمیم دل تبریک می گویم، و برای

شما دوست مهربان و همسر خوش اقبالتان زندگی شیرین و سرشار از مهر و صفا و نیک بختی آرزو می کنم.

دوستدارتان،

　めでたくご結婚される由、まことにおめでとうございます。素晴しい結び付きと新生活の開始を心よりお祝い申し上げ、私の親愛なる友人とその幸運な奥様の、愛情と誠意と幸福に満ちた美しい人生を願って止みません。

⟨45⟩

دوست گرامیم، جناب آقای...،
سرکار خانم...،
با نهایت شادی، ازدواج خجسته‌تان را به شما و داماد/عروس خانم خوشبخت تبریک عرض می کنم.
برایتان زندگی سراسر شادی و سرشار از سعادت و کامیابی آرزو دارم.

دوستدار شما،

　あなたと幸運な御新郎／御新婦様のご結婚、まことにおめでとうございます。
　喜びに満ち、幸福と幸運溢れる新生活をお祈り申し上げます。

[結婚祝いへの礼状]

⟨46⟩

دوست گرامیم، جناب آقای...،

— 97 —

سرکار خانم...،

با عرض سلام، برای نامهٔ محبت آمیز و تبریک صمیمانه تان سپاسگزارم. همسرم نیز برای لطفتان امتنان فراوان دارد و سلام می‌رساند.

امیدوارم که درآیندهٔ نزدیک و در نخستین فرصت سعادت دیدار و پذیرایی از شما را در خانهٔ کوچکمان پیدا کنیم.

با تجدید تشکر،

ご丁寧なお祝い状を頂戴し、ありがとうございました。夫／妻もお心遣いに感謝し、よろしくと申しております。
近々、小宅にご招待申し上げる機会が来ることを願っております。

[親しい友人の結婚を祝う]

〈47〉

دوست عزیزم، نسترن،

مژدهٔ روح نواز عروسیت را با مسرت بسیار دریافت کردم. از اینکه مرا با نامه‌ات آگاه کردی ممنونم. خوشحالم که همسر دلخواهت را یافتی و از طلیعه زندگی نو راضی هستی. آرزو دارم که این روزهای شاد و شیرین در زندگیتان همیشه پایدار بماند و همسرت صفا و محبت وجود یگانه و نازنین ترا قدر بشناسد. او باید مردی گوهرشناس و فرزانه باشد که تو را به همسری انتخاب کرده است. سلام مرا به شریک زندگیت برسان. در شوق دیدارتان می مانم و پس از بازگشتنم از سفر برای عرض تبریک حضوری به آشیانه محبتتان خواهم شتافت.

دوست تو،

ナスタラン様

あなたの結婚というすばらしい吉報を受け取り、本当にうれしいわ。わざわざお知らせ下さってありがとう。望みどおりの伴侶を見つけて、新婚生活にも満足とのこと、よかったですね。楽しく甘い日々がこれからもずっと続いて、ご主人が世界にたった一人きりのあなたの誠実さと愛情の値打ちをわかりますように。あなたを妻に選ぶなんて、彼は見る目があって賢明な方に違いないけれど。「人生の相棒」によろしく。お目にかかれるのを楽しみにしています。旅行から帰ったら、お祝いを言いに愛の巣にお邪魔しますからね。

6. 出産祝いとその礼状

〈48〉

دوستان ارجمندم،

خانم و آقای...،

قدم نو رسیده مبارک باد!

مژدهٔ به دنیا آمدن نوزاد دلبند برایم بسیار شادی بخش بود. برای شما و فرزند نازنینتان زندگانی دراز همراه با سعادت و سلامت پاینده آرزو دارم.

～御夫妻様

赤ちゃんのご誕生おめでとう！

かわいい赤ちゃんご誕生の由、本当におめでとうございます。お二人とかわいいお子様の末永いご幸福とご健康を願っております。

〈49〉

دوست مهربانم،

با مسرت فراوان شنیدم که به فرخندگی پدر/مادر شده‌اید. تولد خجستهٔ نوزاد بر شما و همه خانواده مبارک باد!

برای نوزاد نازنینتان آینده‌ای تابناک به موهبت دل آگاه و جان روشن و بخت بیدار آرزو دارم. روزگارش همواره به‌کام و سعادتش مایهٔ آرام جانتان باد.

دوستدارتان،

めでたく父親／母親になられたという知らせを聞き、喜びにたえません。立派な赤ちゃんの誕生を、御二人とご家族の皆様にお祝い申し上げます。

かわいい赤ちゃんの輝かしい未来が、情愛と活気と強運という恵みに満ちていますように。長い人生を望み通りに進まれ、その幸福があなたの心の安らぎとなりますようお祈り申し上げます。

〈50〉

دوست گرانمایه‌ام،

همسرم و من از شادباش مهرآمیزتان به‌مناسبت تولد فرزندمان، که پسر است و او را **بهزاد** نامیده ایم، سپاسگزاریم و مهربانیتان را ارج می نهیم. نهایت آرزوی ما هم اینست که این نورسیده بهره‌مند از فضائل خجسته‌ای باشد که یاد فرموده‌اید. به سهم خود در تربیتش خواهیم کوشید.

با سلام،

私共の子供の誕生を祝うご厚情溢れるお便りを頂戴し、夫／妻共々感謝の念に堪えません。男の子だったので、ベヘザードと名付けました。私共も息子が幸運を摑むことができればと願ってやみません。私共なりに躾けていく所存でございます。

7. 栄転祝いとその礼状

[友の栄転を祝う]

〈51〉

دوست ارجمندم، جناب آقای...،
با سلام و آرزوی تندرستی و سعادت، ارتقاء شایسته ی مقامتان در وزارت فرهنگ را صمیمانه تبریک می گویم و برایتان در وظیفه و مسئولیت تازه فرصت خدمت ارزنده و توفیق روزافزون آرزو دارم.
با تجدید ارادت،

　文部省においてご栄転の由、誠におめでとうございます。新たなお仕事に御才腕を振るわれ、ますます御栄達されますことをお祈り申し上げます。

〈52〉

یار دیرین مهربان،
با عرض سلام و آرزوی تندرستی و توفیقتان، برای یادآوری صمیمانه و نامهٔ تبریک محبت آمیز آندوست ارجمند به مناسبت ترفیعم سپاسگزارم. مهر و لطفی را که درباره‌ام دارید و در هر مناسبت ابراز

می فرمایید ارج می گذارم و قدر می شناسم.

با امتنان و احترام،

　私の昇任にあたり、仁兄から頂戴致しました御厚意と御懇書にお礼申し上げます。折に触れて賜わりますお心づかい、本当に有難く存じております。

[銀行頭取就任を祝う]

〈53〉

دوست عزیزم، جناب آقای...،

انتصاب شایسته تان را به ریاست بانک صنعتی تبریک عرض می کند و آرزو دارد که در مقام تازه بیش از پیش موفق و منشاء اثر سازنده باشید.

در به انجام رساندن مسئولیت خطیر و وظیفهٔ مهمی که بر عهده گرفته‌اید خداوند یارتان باد!

با درود فراوان،

　めでたく産業銀行頭取にご就任なさいました由、まことに慶賀の至りに存じます。新しいお立場で、以前にも増してご才腕を振るわれますことを願っております。
　背負われることとなるご重責に、神のご加護をもって耐えられますよう祈りあげます。

— 102 —

〈54〉

دوست ارجمندم،

برای یادآوری مهرآمیز و تبریکتان برای مسئولیت تازه‌ام سپاسگزارم. برای توفیق در انجام دادن وظیفهٔ خطیری که بر عهده‌ام گذاشته شده است مانند همیشه به یاری و راهنمایی دوستان مشفق و یکدل چون شما امید فراوان دارم.

با تجدید امتنان،

私の新しい任務へのお心遣いとお祝いのお言葉を頂き、感謝に堪えません。私に課せられました重大な責務を無事成し遂げますために、大兄の如く親身で誠実な友人の相変わらぬご助力とご指導を頂けますことを、心よりお願い申し上げます。

[新聞に掲載された当選祝い]

جناب آقای دکتر محمدباقر نوبخت

انتخاب شایسته و مجدد جنابعالی به نمایندگی مردم شریف شهرستان رشت در مجلس شورای اسلامی را صمیمانه تبریک عرض می‌نمائیم.

رشت ـ شرکت تولیدی آرد گیلان خوشه ـ محمدی

8. 受賞祝いとその礼状

〈55〉

دوست هنرمند گرامیم،

مژدهٔ توفیق برجسته تان در دورهٔ اخیر مسابقه‌های هنری دانشگاهها را در روزنامه خواندم و جزئیات آنرا با شوق فراوان در رادیو و تلویزیون دنبال کردم. همه جا سخن از دستاوردهای شما و تحسین هنرتان است، که براستی شایسته آن هستید.

این پیروزی درخشان را به آن دوست والا تبریک می گویم و موفقیت های بیشترتان را آرزو دارم.

دوستدارتان،

今回の大学美術コンテストにめでたく入賞されたという吉報を新聞で読み、詳報をワクワクしながらラジオとテレビで聞きました。あなたの業績と技法が絶賛されていたけれど、本当にそれだけの値打ちがあると思います。

素晴らしい友人のこの輝かしい栄光を祝い、より一層のご成功を願っています。

〈56〉

دوست ارجمندم،

برای نامهٔ تبریکتان براستی سپاسگزارم. همیشه درباره‌ام لطف و بزرگواری داشته‌اید. خود را شایسته اینهمه تحسین نمی دانم. مهر و عنایت دوستان خوبی چون شما همواره بالاترین مایهٔ دلگرمی و تشویق در کوشش بیشتر برای کاستن از کمبودهایم بوده است. این سرمایه و

پشتوانه را ارزشمند و مغتنم می دانم.

با درود و امتنان فراوان،

　お祝いのお手紙に、常々私のことをお心にかけてきて下さったことを本当に感謝致しております。こんなにお褒めにあずかるほどの実力はないのですが、あなたのような素晴らしい友人のご好意こそが、何にも勝る心の支えであり、自分の短所を補うための努力を促してくれるのだと思っております。この資本と保証は、私には貴重な宝です。

9. 新築祝いとその礼状

〈57〉

دوست عزیزم،
سلام عرض می کنم. خانهٔ نو مبارک باد!
خوشحالم که سرانجام خانهٔ دلخواهتان را یافته و زندگی را در محیط دلپذیرتر آغاز کرده اید.
امید است که خانهٔ نو آشیانهٔ شادی و سعادت روزافزون برای آندوست ارجمند و خانوادهٔ گرامیتان باشد.

دوستدارتان،

新築おめでとう！
　ついに思い通りの家を手に入れ、心地よい環境で新生活を始められたことをうれしく存じます。新しい家が、敬愛する友と素敵なご家族にとって、日々いや増す幸福の巣となりますように。

〈58〉

دوست مهربان،

نامهٔ شادباش صمیمانه تان برای کاشانهٔ نو را با مسرت فراوان دریافت کردم. همه خانواده برای محبتتان سپاسگزاریم. امیدوارم که بزودی در خانهٔ کوچکمان پذیرایتان باشیم و چند ساعتی از مصاحبتتان لذت ببریم.

با تجدید ارادت،

わが家の新築を祝うご懇切なお手紙を頂戴し、感謝に堪えません。家族一同、あなた様のご厚情に感謝致しております。近々、小宅においで頂き、ご高説を拝聴する一時を持てましたら幸いに存じます。

10. イスラーム教関連のお祝い

イマームの生誕記念日やラマザーン明けの祭りなど、イスラーム教の祝祭日の祝詞の例を、いくつか挙げておこう：

[預言者の生誕記念日を祝う]

〈59〉

۱۷ ربیع الاول....

دوست ارجمند،

میلاد با سعادت پیامبر بزرگ اسلام و ولادت فرخندهٔ حضرت امام جعفر صادق را به شما تبریک می گویم.

در این روز خجسته تندرستی بر دوام و توفیق روزافزون شما و همهٔ مؤمنان را در سایهٔ حمایت پروردگار و با پیروی از رهنمود های

فرستادهٔ راستینش آرزو می کنم.

با تجدید سلام،

…年ラビーオル・アッヴァル月17日

イスラームの偉大な預言者の幸多き生誕記念日と、イマーム・ジャアファル＝サーデク様のめでたきお誕生日をお祝い申し上げます。

この佳き日にあたり、あなた様を始めとするあらゆる信仰篤き人が、創造主の御加護と真の使徒のお導きに従って、末永きご健康と日々いや増すご成功を得られますことをお祈り申し上げます。

[断食明けの祭を祝う]

〈60〉

۱ شوال….

جناب آقای…،

دوست گرامی و مدیر محترم مجلهٔ اندیشه اسلامی،

عید سعید فطر را به شما و همکارانتان در آن نشریهٔ ارجمند تهنیت عرض می کنم، و بهروزی شما و سعادت جامعهٔ اسلامی را در پرتو قرآن آرزو دارم.

عباداتتان در ماه مبارک رمضان پذیرفته و مأجور باد!

با سلام و تحیات،

…年シャッワール月1日

『イスラーム思想』誌編集長　～殿

断食明けのめでたいお祭りを、貴兄と親愛なる貴誌の出版局の皆様にお祝い申し上げ、聖典の加護の下での、皆様のご発展とイスラーム社会の幸福を祈念致します。

神聖なるラマザーン月の貴殿のお祈りが、聞き届けられますように！

［ガディーレ・ホムの祭[18]を祝う］

〈61〉

۱۸ ذیحجه

حضور مبارک دوست ارجمند،

آقای سید ... ...،

روز فرخندۀ عید غدیر خم، مبدأ تاریخ تشیع و اعلام پیشوایی سردار راستین اسلام و نیای بزرگوارتان حضرت علی علیه السلام را تبریک می گویم.

در این روز مبارک، خیر و سعادت برای همۀ پیروان راه آن بزرگمرد و تندرستی و توفیق برای آندوست گرامی آرزو دارم.

با سلام و دعا،

ズィー・ヘッジェ月18日

セイエド～様

シーア派の歴史の源、イスラームの真の司令官であり貴殿の偉大なる先祖であるアリー様（彼に平安あれ）の導きの印となった、めでたいガディーレ・ホム祭にあたり、彼の偉人のあらゆる信奉者の幸いと、尊敬する大兄のご健康とご発展をお祈り致します。

§ 3. 招待の手紙とその返事

結婚披露宴や展覧会などの重要な宴会や行事の招待客には、印刷済みの招待状に、招待客の名前のみが書き加えられる。もっと

18 ガディーレ・ホムは、西暦632年に預言者が娘婿のアリーを後継者に指名したとされる、メッカとメディナの間の水場の名で、この日はシーア派ムスリムには重要な祝日である。

小規模な集まり、たとえば子供の誕生祝いや友人の会合、送別会などの場合には、手書きの招待状を送る。

招待状には返事を必ず書く。都合で辞退する場合はなおさらである。もし返事が間に合いそうになければ、電話でもよい。招待状には、出欠の通知法が指定されていることが多い。

[お茶の会に招待する]

〈62〉

دوست گرامی و مهربان،
با سلام، تندرستی و دلشادیتان را آرزومندم.
مهرداد و یادگار، دوستان دورهٔ مدرسه‌مان، عصر روز جمعه ۱۱ خرداد ماه، حدود ساعت ۴، به خانهٔ ما می‌آیند تا دیداری تازه کنیم. اگر شما هم سرافراز بفرمایید، همسرم و من بسیار خوشحال و سپاسگزار خواهیم شد.
با شوق فراوان چشم به راهتان خواهم بود.
دوستدار شما،

お元気でご活躍のこととお慶び申し上げます。

さて、私たちの学校時代の友人のメヘルダードとヤーデガールが、ホルダード月11日の木曜の午後4時頃に、久しぶりにわが家に来てくれることになりました。もしあなたもいらして下されば、妻も私も大変うれしく存じます。

お越しいただけることを、心から願っております。

⟨63⟩

دوست ارجمندم،

با درود فراوان، از دعوت مهرآمیزتان خیلی خوشحال شدم. فرصت دیدار دوبارهٔ شما و دوستان دورهٔ تحصیلمان برایم بسیار گرانبها است. عصر جمعه ۱۱ خرداد با شوق به دیدارتان خواهم شتافت. تا آن هنگام، شما و همسر ارجمند کدبانویتان را به خدا می سپارم.

با امتنان،

ご招待にあずかり、お心遣いに感謝致しております。あなたがたや学校時代の友達に再会するのは、私にとって本当にうれしいことです。ホルダード月11日木曜の午後に、お宅に馳せ参じます。その時まで、貴君と素晴らしい奥様を神の御手に託します。

[夕食に招く]

⟨64⟩

دوست ارجمندم،

تندرستی و بهروزیتان را آرزو دارم.

مدتها است که چشم به راه فرصتی برای دیدار و صحبت دلپذیرتان بوده‌ام. این روزها دوستمان فرزاد و همسرش برای دیداری کوتاه در شیراز هستند و عصر یک شنبه ۱۶ مهرماه پیش ما خواهند آمد. اگر شما هم با سرکار خانم در این روز، حدود ساعت ۷، در کلبهٔ ناچیز سرافرازمان کنید، همه از دیدنتان خوشحال خواهیم شد. برای شام به **سفره خانه که** نزدیک ما است خواهیم رفت.

امید پذیرش و درخواست پاسخ دارد.

با درود فراوان،

— 110 —

お元気でお過ごしのことと存じます。
　さて、お目にかかって楽しいお話をうかがう機会を久しく心待ちに致しておりましたところ、この度、私どもの友人ファルザード夫妻が、シーラーズに短い期間ながら滞在しているのを機会に、メフル月16日土曜の午後にわが家を訪問してくれることになりました。そこで、当日の7時頃に奥様も御一緒に小宅にお越し頂きましたら、みな大喜びすると存じます。夕食には、近くの「ソフレ・ハーネ」に出かける予定にしております。
　お待ち申し上げておりますので、お返事を頂ければ幸いです。

〈65〉

دوست ارجمندم،
　برای نامهٔ دلنواز و دعوت پرمهرتان سپاسگزارم. دیدار دلنشین شما و خانم و دوست عزیزمان پس از سالها به‌راستی آرزویم است. اما در این روز جلسهٔ مهمی در اداره داریم که بودنم در آن ناگزیر است. همسرم و من برای از دست دادن چنین فرصت گرانبها افسوس فراوان داریم. امیداست که عذرم را بپذیرید.
　ممنون خواهم شد که ارادتم را به دوست گرامیمان فرزاد و خانم برسانید.
　با تجدید سلام حضور آن دوست عزیز و سرکار خانم،
ارادتمند،

　ご厚情あふれるご招待のお手紙を頂き、有り難うございました。何年もご無沙汰しているご夫妻や友人たちにお目にかかりたいのはやまやまですが、当日は会社で重要な会議があり、どうしても出席しないわけには参りません。家内も私も、こんな貴重なチャンスを失うとはと本当に残念に存じております。どうかお許し下さい。ファルザードご夫妻によ

— 111 —

ろしくお伝え頂ければ幸いです。
　貴君と御奥様に重ねてお礼を申し上げげつつ

[子供の誕生会に招く]

〈66〉

دوست عزیزم،

با سلام و آرزوی تندرستی و کامروائیتان،

پنج شنبهٔ آینده، ۳۰ شهریور، پنجمین سالروز تولد پسرم بهرام را جشن می گیریم. چند نفر از بستگان و دوستان با فرزندانشان از ساعت ۵ عصر پیشمان می آیند. پسرم شوق و تمنا دارد که دختر نازنینتان، شیرین، هم در جشن تولدش باشد. خود و همسرم نیز خوشحال می شویم که شما و خانم هم تشریف بیاورید.

به انتظارتان خواهیم بود.

به امید دیدار،

　来るシャハリーヴァル月30日（木）に、わが息子バハラームの５歳の誕生日祝を開きます。親類や友人も何人か、子供連れで夕方５時に来てくれることになっています。息子は、お嬢さんのシーリーンちゃんにもぜひ来てほしいとせがんでいます。家内と私も、ご夫婦お揃いでおいで下さればと願っております。それでは、お待ちしています。

〈67〉

دوست ارجمندم،

با سلام و تشکر برای دعوت مهرآمیزتان،

دیدار و شرکت در شادمانی شما در جشن تولد بهرام عزیز نهایت

اشتیاق همسرم و من است. اما افسوس دارم که پنج شنبهٔ آینده برای کار اداری از تهران دور خواهم بود، و چون با اتوموبیل می روم همسر و دخترم هم وسیلهٔ آمدن نخواهند داشت. با عرض تبریک این سالروز خجسته، هدیهٔ کوچکی برای بهرام نازنین تقدیم می شود. با آرزوی سعادت و سلامت شما و همهٔ خانواده، و به امید دیدار،

ارادتمند،

ご招待ありがとうございます。

バハラームちゃんのお誕生日のお祝いには妻も私も出席させて頂きたいのは山々なのですが、残念なことに、来週の木曜日には社用でテヘランを離れなければなりません。車で行きますので、妻と娘には足がなくなってしまいます。お誕生日を祝して、心ばかりのプレゼントをバハラームちゃんにお贈りします。皆様のご自愛を祈り、再会を願いつつ

[友人の誕生会を開く]

〈68〉

نازنین دوست مهربانم،

سلام. امیدوارم که شاد و کامروا باشی.

شاید در یاد داری که شنبهٔ آینده، ۱۱ مهر، سالروز تولد دوست خوبمان، زیبا، است. او امسال بیست ساله می شود، و می دانی که دور از خانواده‌اش در کوی دانشگاه زندگی می کند. با چند دوستمان می خواهیم به افتخار زیبا در روز تولدش مهمانی کوچکی به شام در خانه‌ام بدهیم. دوستانمان از ساعت ۵ می آیند. با آمدنت همهٔ ما را خوشحال خواهی کرد.

شوق دیدارت را دارم.

دوستدارت،

こんにちは。楽しくやっていますか。

今度の土曜日、メヘル月11日は、私たちのすてきな友だちズィーバーの誕生日だってこと、覚えていますか。彼女、二十歳になるんだけれど、実家から離れて大学の寮暮らしでしょう。だから、友だちと一緒に、ズィーバーの誕生日祝のささやかなパーティーとして、わが家で晩御飯を食べようと思っています。みんなは5時に来ることになっています。あなたも来てくれたら、私たちみんな、うれしく思います。待っていますからね。

[息子の壮行会に招く]

〈69〉

دوستان ارجمند، خانم و آقای...،

با عرض سلام، پسرمان نادر که در رشتهٔ پزشکی دانشگاه شیراز پذیرفته شده، هفتهٔ آینده عازم آنجاست. پیش از رفتنش، تجدید دیدار دوستانمان را که با تشویق‌های خود در موفق شدنش سهم داشته‌اند مغتنم می شماریم. مهمانی کوچکی به شام روز جمعهٔ آینده، ۲۳ شهریور، از ساعت ۷ عصر در خانهٔ کوچکمان خواهیم داشت. تشریف فرمایی شما همراه با دختر نازنینتان، مهستی، مایهٔ خوشحالی و امتنانمان خواهد شد.

امیدواریم که وقتتان آزاد باشد و پذیرای مقدمتان باشیم.

با تجدید سلام و در آرزوی دیدارتان،

～ご夫妻

　私どもの息子ナーデルは、シーラーズ大学医学部に合格して、来週には彼の地に出発致します。出発の前に、息子を励まし、お導き下さった友人の皆様をお招きして、お礼申し上げたく、夕食の小宴を、シャハリーヴァル月23日（金）の夕方7時から開く予定に致しております。お嬢さんのマハスティーさんとご一緒にお越しいただければ、本当にうれしく存じます。ほかにご予定がなく、ご来駕頂けることを願っております。

　ご挨拶を重ね、お目にかかることを願って

〈70〉

دوستان مهربان،

با تشکر برای نامهٔ مهرآمیز و دعوت صمیمانه تان، همسرم، مهستی و من این فرصت را برای تجدید دیدار و صحبت دلپذیر شما و گفتن تبریک حضوری به نادر عزیز برای توفیق درخشانش مغتنم می داریم. جمعهٔ آینده با اشتیاق به مجلس انستان خواهیم آمد.

همواره شاد و کامیاب باشید.

به امید دیدار،

　ご厚情あふれるご招待状を頂戴し、お礼申し上げます。妻とマハスティーと私は、貴殿と楽しい話に花を咲かせ、また、直接ナーデル君に輝かしい成功のお祝いを申し上げる機会ができたことを、心からうれしく感じております。来る金曜日には、楽しい集まりに馳せ参じます。

　ご多幸をお祈り申し上げております。

[同窓会に招く]

〈71〉

دوست دیرین گرامیم،

با سلام، امیدوارم که خوب و خوش باشی.

معلم محبوب ادبیات دورهٔ دبیرستانمان بتازگی از سفر چند ساله برگشته است. با دوستان دورهٔ مدرسه قرار گذاشتیم که با دعوت از ایشان روز پنج شنبهٔ ۱۲ مهر ماه در خانهٔ کوچک ما تجدید دیداری بکنیم. بهیقین گفتنیهای بسیار برایمان خواهند داشت و با یاد آوردن خاطرهها خوش خواهد گذشت. از آمدنت خوشحال خواهیم شد. دوستان از ساعت ۵ بعد از ظهر می آیند.

در شوق دیدارت خواهم ماند.

دوستدارت،

いかがお過ごしですか。

さて、私たちの敬愛する高校時代の国語の恩師が、最近、数年に亙る旅行からお帰りになりました。そこで、学校時代の友だちと相談した結果、先生をご招待して、メヘル月12日（木）に、小宅で同窓の会を持つことにしました。先生のお土産話が随分あるのは間違いありませんし、昔話に花を咲かせるのも楽しいと思います。あなたもぜひお越し下さい。みんなは午後5時に集まります。

お顔を見るのを楽しみにしています。

[休暇に家へ招待する]

〈72〉

دوست عزیزم،

با سلام، امیدوارم که حالتان خوب است.

— 116 —

نامه تان رسید. متشکرم. نوشته‌اید که در تعطیل تابستان در تهران می مانید و به اصفهان، پیش خانواده‌تان، بر نمی گردید. من و خانواده‌ام سه ماه تابستان را در خانهٔ ییلاقی کوچکمان در دربند شمیران می گذرانیم. اگر آزاد هستید، چند روز آخر هفتهٔ آینده را که تعطیل است پیش ما بیایید. می توانیم با هم تنیس بازی کنیم یا اطراف اینجا کوه پیمایی کنیم. منظره‌های دور و بر خانه مان هم برای نقاشی شما خوب است. مادر و پدرم هم سلام می رسانند و می گویند که از آمدنتان خوشحال خواهند شد.

در شوق دیدارتان هستم. لطفاً به من تلفن کنید.

دوستدارتان،

こんにちは、お元気ですか。

お手紙をいただいて有り難う。夏休みはテヘランに残って、イスファハンのお家には帰らないんですってね。うちの家族は夏の3ヶ月間をシェミーラーンのダルバンドにある小さな別荘で過ごしています。もし予定がなかったら、来週の週末、何日かこちらに来ませんか。一緒にテニスもできるし、このあたりの山の散策も素敵です。この家の回りの景色は、あなたの絵心をそそることうけあいだし。両親もよろしくといっています。そして、来て下さったらうれしいって。

会えることを楽しみにしています。電話を下さいね。

[在留邦人がイラン人の友人を招待する]

⟨73⟩

با عرض سلام

امیدوارم که حال جنابعالی و خانواده‌تان خوب است و این روزهای بهار زودرس را با شادی می گذرانید. هوا معتدل و دلپذیر شده است.

هفتهٔ پیش همسر و دو فرزندم از ژاپن برای دیدن به ایران آمدند
ومدت یکماه پیشم می مانند. در این فرصت خواهش می کنم که اگر
وقت دارید روز جمعهٔ ۱۹ اسفند ماه همراه خانم و فرزندانتان برای شام
(غذای ژاپنی) ما را سرفراز کنید. از ساعت ۷ بعد از ظهر چشم به
راهتان خواهیم بود.

متشکر خواهم شد که از دریافت این نامه و تشریف آوردنتان
تلفنی آگاهم کنید. نشانی و شمارهٔ تلفن منزل و تلفن دفترکارم را در زیر
می نویسم.

دوستدار شما،

　ご家族共々、お元気で、早春の日々を楽しくお過ごしのこととお慶び申し上げます。本当によい気候になりましたね。
　さて、先週、妻と2人の子供が日本から私に会いにイランにやって来まして、1カ月間滞在することになっています。そこで、良い折ですので、お差し支えなければ、エスファンド月19日（金）に、奥様とお子様方ご同伴で日本料理の夕食にお招きしたく存じます。午後7時から、おいでをお待ちしております。
　この手紙の到着と、ご来駕のお知らせを、お電話でご一報下されば幸いです。自宅の住所と電話番号、および勤務先の電話番号は下記の通りです。

[講演会に招く]

〈74〉

خانهٔ دوستی ایران و ژاپن خشنود است به آگاهی اعضای محترم
برساند : آقای...استاد دانشگاه...و پژوهنده تاریخ ایران که به دعوت
خانهٔ دوستی ایران و ژاپن برای دیدار دو هفته‌ای به ایران می آید/آمده

است، در ساعت... روز... در محل خانهٔ دوستی ایران و ژاپن در بارهٔ زمینه‌ها و مایه‌های توسعه روابط فرهنگی ایران و ژاپن به زبان... سخنرانی خواهد کرد و به پرسشهای حاضران در این باره پاسخ خواهد داد.

از اعضای گرامی خانهٔ دوستی و مهمانان ارجمند آنها برای حضور در این مجلس سخنرانی دعوت می شود.

نشانی : ...... شمارهٔ تلفن : ......

イラン・日本友好協会から会員の皆様にお知らせ申し上げます：〜大学教授でイラン史がご専門の〜氏が、イ・日友好協会の招待で2週間のご予定でイランを訪問されます／されていますが、〇月△日×時より当協会において、「イ・日文化関係発展の基礎について」と題して、〜語で講演を行い、参加者との質疑応答もされます。

　会員の皆様とそのご招待客の皆様におかれましては、奮ってご参加下さいますようお願い申し上げます。

　住所：…　　電話番号：…

[映画上映会に招待する]

〈75〉

فیلم سینمایی ... به کارگردانی ... ساخته شده در سال... در ژاپن از ساعت... روز... در تالار خانهٔ فرهنگ ژاپن در تهران واقع در ... (نشانی) نمایش داده خواهد شد. مدت این فیلم ۹۰ دقیقه است، و پس از پایان نمایش آن، کارگردان فیلم که به دعوت خانهٔ فرهنگ ژاپن در تهران است در بارهٔ آن سخن خواهد گفت و به پرسشهای حاضران پاسخ خواهد داد. این نمایش و سخنرانی مخصوص اعضای خانهٔ فرهنگ ژاپن و مدعوین آنها که قبلاً جا ذخیره کرده باشند و نیز مهمانان دعوت شده خواهد بود.

برای نامنویسی و گرفتن جا لطفاً با تلفن شماره...با...(نام کارمند) تماس بگیرید.

　日本で○年に制作された、〜監督の映画〜が、○月△日×時よりテヘランの日本文化会館（住所）において上映されます。この映画の上映時間は90分で、その後、当会館が招待したこの映画の監督が講演をし、参加者の質疑に答える予定です。今回の上映と講演は、日本文化会館の会員と予約済みの希望者、および招待客のみを対象としております。ご予約ご希望の場合は、電話番号…番の〜（担当者名）までお問い合わせ下さい。

[日本企業のテヘラン支店開店祝いへの招待]
〈76〉

جناب آقای...
سرکار خانم...

دفتر تازهٔ نمایندگی شرکت...ژاپن در تهران در مراسمی با حضور رئیس اتاق بازرگانی تهران و رئیس کل این شرکت در ساعت ۱۰ بامداد چهارشنبهٔ ۲۰ اردیبهشت ۱۳۷۴ خورشیدی برابر ۱۰ مه ۱۹۹۵ میلادی گشایش خواهد یافت. ...(نام مدیر شرکت) مدیر دفتر تهران شرکت... ژاپن با تشکر از یاری‌های ارزنده که تاکنون در پیشرفت کارمان فرموده‌اید از جنابعالی دعوت می‌کند که با حضور در این مراسم بر افتخار و امتنانمان بیفزایید.

هر گاه از آمدن معذورید لطفاً به تلفن...اطلاع فرمایید.

〜殿
　日本〜社のテヘラン代理店の新事務所開所式を、テヘラン商業室長様

と当社社長の臨席の元、1374年オルディーベヘシュト月20日（1995年5月10日）水曜午前10時より開催致します。日本～社テヘラン事務所長～は、当社の事業発展に今日まで心強いご援助を頂いたことに深謝し、謹んで貴殿を当式典にご招待申し上げます。
万一ご欠席の場合は、…番までお電話を頂ければ幸いです。

[見本市のジャパン・デイへの招待]
〈77〉

نماینده عالی ژاپن
در نمایشگاه بین المللی بازرگانی تهران، ۱۳۷۴

احتراما از ... . دعوت می کند که در مراسم روز ژاپن در نمایشگاه بین المللی بازرگانی تهران که با حضور وزیر صنایع و تجارت خارجی ژاپن از ساعت ۴ تا ۶ بعد از ظهر چهارشنبه ۱۵ شهریور ۱۳۷۴ برابر ۶ سپتامبر ۱۹۹۵ در محل غرفهٔ ژاپن در این نمایشگاه برگزار می شود حضور یابند.

لطفاً قبول دعوت را با تکمیل و فرستادن کارت پیوست اطلاع دهید

* * * * * * * *

نماینده عالی ژاپن
در نمایشگاه بین المللی بازرگانی تهران، ۱۳۷۴

افتخار دارد که از ..... برای شرکت در مهمانی به مناسبت روز ملی ژاپن در نمایشگاه که با حضور وزیر صنایع و تجارت خارجی ژاپن از ساعت ۶ تا ۸ بعد از ظهر چهارشنبهٔ ۱۵ شهریور ۱۳۷۴ برابر ۶ سپتامبر ۱۹۹۵ در تالار پذیرایی نمایشگاههای بین المللی تهران برگزار می شود، دعوت کند.

لطفاً قبول دعوت را با فرستادن کارت پیوست اعلام فرمایند

1373年　テヘラン国際商業見本市
日本高等代表部

謹んで～殿を、テヘラン国際商業見本市におけるジャパン・デイの式典にご招待致します。式典は、日本の通産大臣の臨席の元、1374年シャハリーヴァル月15日（1995年9月6日）水曜の午後4時から6時まで、当見本市の日本会場で開かれますので、何卒ご出席下さい。
ご出席のお返事を添付の葉書にご記入の上、ご送付頂きますようお願い申しあげます。

＊＊＊＊＊＊＊

1373年　テヘラン国際商業見本市
日本高等代表部

謹んで、～殿を、テヘラン国際商業見本市におけるジャパン・デイのパーティーにご招待申し上げます。パーティーは、日本の通産大臣臨席の元、1374年シャハリーヴァル月15日（1995年9月6日）水曜の午後6時から8時まで、テヘラン国際商業見本市会場のレセプション・ホールにて開かれます。
ご出席のお返事を、添付の葉書でご送付下さい。

[大使館への招待]

〈78〉

سفارت جمهوری اسلامی ایران، توکیو
بسمه تعالی
تاریخ : ۱۳۶۵/۱۲/۲۶

آقای دکتر هاشم رجب زاده
به‌مناسبت عید سعید نوروز و حلول سال نو از جنابعالی و خانواده محترم دعوت می شود که در روز شنبهٔ اول فروردین ماه سال ۱۳۶۶

(۲۱ مارس ۱۹۸۷) از ساعت ۳ الی ۵ بعد از ظهر در اقامتگاه سفیر برای دیدار نوروزی و صرف چای و شیرینی حضور به هم رسانید.

在東京イラン・イスラーム共和国大使館
神の御名において

1365年12月26日

ハーシェム・ラジャブザーデ博士殿

　新春の幸多き元旦と新しき年の再来を言祝ぎ、貴殿とご家族様を、1366年ファルヴァルディーン月1日（1987年3月21日）土曜午後3時から5時まで大使公邸で開かれる新春祝詞の茶話会にご招待申し上げます。

§4　推薦・紹介の手紙

[友人を紹介する]

〈79〉

دوست مشفق ارجمندم،

این خط را برای تجدید عهد ارادت با آندوست بزرگوار به یار دبستانی و رفیق نازنینم دارا مشکان سپردم تا بهانهٔ رسیدنش به فیض دیدارتان باشد. دارا از سوی بانکی که در آن کار می کند به شهر شما منتقل شده است. من هم، چون دیگر دوستان، از دور شدنش افسوس دارم، اما خوشحالم که می تواند در آن دیار دور نعمت آشنایی و سعادت حضورتان را دریابد. خیال می کنم که آن یار گوهرشناس هم این دوستی تازه را مغتنم یابند و مرا نیز هر چه بیشتر ممنون محبت خود دارند.

شاد باشید و روزگار به کامتان باد!

ارادتمند،

この手紙を、貴殿との友情の契りも新たに、小学校以来の親友であるダーラー・モシュカーンに託し、お二人の出会いの機会となればと願っております。ダーラーは勤務先の銀行の転勤で、そちらの町に移ってきました。私も、他の友人たち同様、彼と別れることを悲しく思っていますが、彼がそちらで貴殿と知り合い、親交を深める機会を得ることができるという意味では、うれしいことでもあります。この新しい友人が貴殿の御慧眼に適い、私にも貴殿の御厚誼にますます感謝させてくれることだろうと願っております。

ご多幸とご隆昌を祈ります。

[友人を紹介し、援助を頼む]

〈80〉

دوست فاضل گرامیم، جناب آقای...

با عرض سلام، امید است که جنابعالی و خانواده ارجمندتان همواره در سایهٔ لطف پروردگار تندرست و بهروز و پیروز باشید. سالها است که توفیق دیدار آندوست مهربان را نداشته‌ام، اما همیشه به یاد مهربانیهایتان بوده‌ام.

همکار دانشمندم آقای پرفسور... استاد دانشگاه... برای دو هفته دیدار و بررسی جامعه شناسانه راهی ایران هستند. حامل سلامم خواهند بود، و امیدوار به بهره‌مند شدن از راهنمائیهای ارزنده‌تان. باشد که یاری آندوست گرامی به برکت و ره آورد معنوی سفرشان بیفزاید.

از مراحمتان سپاسگزار و توفیقتان را آرزومندم.

با احترام،

貴下およびご家族ご一同には、お変わりなく、神のお慈悲をもちましてご健勝のこととお慶び申し上げます。長らく拝眉にあずかっておりま

せんが、ご芳情の数々を忘れたことはございません。
　さて、私の同僚である〜大学教授〜先生が、2週間のご予定で社会学の調査研究のためにイランを訪問されることになりました。そこで、教授に私からのご挨拶をお伝え頂き、また、貴殿からも有用なご助言をいただければと存じます。大兄のご援助さえあれば、教授の旅行がより有意義で実り多いものとなると信じております。
　ご厚情に感謝し、ご活躍を祈っております。

[名刺に書き添える短い紹介状]
〈81〉

دوست عزیزم جناب آقای...

آقای... از دوستان اداری خدمتتان شرفیاب می شود. تقاضایی معقول و مشروع دارد که حضوری خواهد گفت. با مساعدت بزرگوارانه‌تان این ارادتمند را هم خوشحال خواهید فرمود.

باامتنان،
... ...
۱۳۷۴/۶/۲۱

　同僚の〜氏をご紹介致します。直接お目にかかってお願い申し上げたい用向きがあるとのことです。よろしくご援助のほど、伏してお願い申し上げます。

〈82〉

دوست گرانمایه‌ام، جناب آقای...،

آقای...که مأمور خدمت در اداره مرکزی شده است حضورتان معرفی می شود. جوانی است ساعی، هوشمند و شایسته. امید است که

— 125 —

از نظر مرحمتتان بهره‌مند شود.

با احترام،

... ...

۱۳۷۴/۱۱/۳۰

　本店勤務となった〜氏をご紹介致します。努力家で、賢明かつ有能な若者です。どうかよろしくお引き立てのほどお願い申し上げます。

[本人に持たせる紹介・推薦の手紙]

〈83〉

دوست مهربانم، جناب آقای...

درود صمیمانه و آرزوهای قلبی برای تندرستی و شادروزی وجود گرامی تقدیم می دارد.

چون آقای...کارمند شرکت ابزار اداری وابسته به بانک ما برای آشنا شدن با پیشرفت‌های تازه در زمینه کامپیوتر راهی دیار شما بود، این چند سطر رقم زده شد. ایشان را از نزدیک می شناسم و به شایستگی کاری و صفای ضمیر و دانش دوستیش ایمان دارم. در یکماهی که سرگرم انجام دادن مأموریت خود خواهد بود شاید به کمک فکری و استفاده از دانش و تجربه و راهنمائی جنابعالی نیازمند شود. هر مساعدتی که، در حد توان، در بارهٔ وی مبذول دارید، محبت و عنایتی است که به ارادتمند فرموده‌اید. همواره سپاسگزار بزرگواریتان خواهم بود.

با تجدید سلام،

　心より貴下のご健康とご清栄を願っております。
　さて、私どもの銀行の事務機器を扱っております会社の〜氏が、コン

— 126 —

ピューター部門の最新情報を得る目的で、そちらに出張することになりましたので、一筆したためました。氏とは親しい間柄で、有能で誠実で探求心旺盛なことは、私が保証致します。1ヶ月の出張期間中には、貴殿の豊かな知識と経験を生かしたご助言やご指導をお願いする機会もあろうかと存じます。ご無理のない範囲でご援助頂けますれば、幸甚に存じます。ご高配に感謝しつつ

〈84〉

دوست ارجمند پرمهرم،

با عرض سلام، تندرستی و توفیقتان را خواهانم.

آورندهٔ این نامه، آقای بهزاد دانش، فرزند برومند دوست هنرمندم امیر دانش، برای جستجو و گردآوری منابع تحقیق و تدوین پایان نامهٔ تحصیلی‌اش در رشتهٔ مردم‌شناسی عازم شهر و دانشگاه شما بود، و این بهانه و وسیله‌ای شد تا درود صمیمانه‌ام را حضور گرامیتان تجدید کنم. بهزاد جوانی است کوشا و پویا با ذهن جوینده. بەیقین هر گونه کمک فکری و معنوی و راهنمایی به او در راه هدف ارزنده‌ای که دارد، سرمایه‌گذاری شایسته فرهنگی برای آینده خواهد بود. به مایهٔ بزرگ منشی و صفای خاطر آن‌دوست دانش پژوه اطمینان دارم که از مساعدت ممکن به بهزاد دریغ نخواهید فرمود و مرا بیش از پیش سپاسگزار خود خواهید ساخت.

اگر اوامری در اینجا داشته باشید، با اشتیاق آمادهٔ خدمتم.
شادکامی و بهروزی آن‌دوست دانشور آرزویم است.

با امتنان و ارادت،

お元気でご活躍のこととお喜び申し上げます。

さて、この紹介状を持ちましたベヘザード・ダーネシュ氏は、私の友人である芸術家アミール・ダーネシュ氏のご子息ですが、このほど人類学の卒業論文の資料収集のために、ご当地の大学に出発することになりました。そこで、これ幸いと、貴殿にご挨拶を差し上げた次第です。ベヘザードは努力家で探求心あふれる若者です。彼の意義深い研究にご指導、ご助言を頂ければ、後々確実な文化的投資になると確信致しております。寛大で高潔な学者魂の持ち主であられる貴兄が、ベヘザードに援助の手を惜しまれるはずはないと信じ、今から恩義を感じております。
　こちらにご用がございましたら、何なりとお申し付け下さい。貴兄のご多幸を祈ります。

§5．申し込み・依頼・照会の手紙

[入会を申し込む]

〈85〉

دبیر محترم انجمن دوستداران موسیقی،

با احترام به آگاهی می رساند: در چند ماههٔ گذشته گزارشهایی از مجالس کنسرت و اجرای موسیقی ملی و محلی ایران که به کوشش آن انجمن برگزار شده است، در روزنامه‌ها خوانده و به فعالیت آن انجمن علاقمند شده‌ام. با تماس تلفنی با آن انجمن اطلاع یافتم که در این مجالس کنسرت فقط اعضای انجمن و مهمانان آنها دعوت می شوند. چون موسیقی دوست دارم و با نهایت اشتیاق می خواهم در کنسرت ها و مجالس موسیقی حضور یابم، خواهش دارم مرا به عضویت آن انجمن بپذیرند. شرح حال کوتاهی از خود با این درخواست تقدیم می دارم. از توجهی که به تقاضایم خواهید فرمود سپاسگزارم.

با تجدید احترام،

音楽愛好家協会会長殿

　拝啓　数カ月前、貴協会のご尽力により上演された、イラン民族音楽のコンサートの様子を新聞記事で読み、貴協会の活動に興味を覚えました。電話で問い合わせたところ、コンサートには、会員とその招待客以外は参加できないとのことでした。音楽好きの私としましては、是非コンサートを聴きに参りたいと存じ、貴協会の一員にお加え頂きたく思います。簡単な自己紹介を同封致しますので、どうかよろしくお取り計らいのほど、お願い申し上げます。

〈86〉

انجمن حافظ شناسی،

سلام عرض می کنم. من دانشجوی ادبیات فارسی در دانشگاه… هستم. از طریق دوستانم و نیز گزارشهای گاه گاه در مطبوعات از فعالیت آن انجمن برای تحقیق در بارهٔ شعر و سخن حافظ آگاه شده‌ام. چون دلبستهٔ حافظ و شعر او هستم، علاقه دارم که در مجالس تحقیقی آن انجمن حاضر شوم و نیز فصلنامه و کتابهایی را که در بارهٔ حافظ انتشار می دهند دریافت دارم. با این نامه در خواست خود را برای عضو شدن در آن انجمن تقدیم می دارد. اگر درآمدن به عضویت ترتیب و تشریفات خاص دارد، سپاسگزار خواهم شد که از آن آگاهم فرمایند.

با تقدیم احترام،

ハーフェズ学会御中

　私は〜大学でペルシア文学を専攻する学生です。友人や折に触れてのマスコミの記事などで、ハーフェズの詩と作品に関する研究のための貴協会の活動を知りました。私も、ハーフェズとその詩に魅了されておりますので、貴学会の会合に参加し、また、学会誌やハーフェズに関して出版される書物も手に入れたいと考えております。そこで、この手紙を

もって貴協会への入会申し込みとさせて頂きます。もし、特別な書式等が必要でしたら、お知らせ下されば幸いです。

[講演会への参加を申し込む]

〈87〉

انجمن محترم بهداشت روانی،

سلام عرض می کنم. من…دانشجوی رشتهٔ …دانشگاه…هستم و به مباحث بهداشت روانی و روان درمانی که با رشته تحصیلی‌ام هم مربوط است علاقه دارم و مجلهٔ آن انجمن را هم مشترک هستم و می خوانم. به‌تازگی در این مجله گزارش جلسه‌های سخنرانی و بحث در مسائل بهداشت روانی که هر ماهه از سوی آن انجمن برگزار می‌شود درج شده که آموزنده و خواندنی است. اشتیاق دارم که، اگر ممکن باشد، در این رشته سخنرانیها حاضر شوم. سپاسگزار خواهم شد که نام مرا در فهرست دعوت شوندگان به این سخنرانیها ثبت و هر ماهه آگهی و نامهٔ دعوت برایم به نشانی زیر ارسال فرمایند.

با تقدیم احترام،

… …

نشانی و شمارهٔ تلفن :

精神衛生協会御中

　私は～という～大学～学部の学生ですが、私の専攻分野にも関係する、精神衛生と精神治療というテーマに関心を持っており、貴協会の会誌も購読致しております。さて、最近の会誌に、毎月貴協会主催で開催されている、精神衛生の諸問題に関する講演と討論の会のレポートが掲載されているのを、興味深く拝読致しました。そこで、もし可能でしたら、この一連の講演会に是非参加したいと存じます。私の名前を招待者のリ

ストにお加え頂き、毎月の講演会の通知と招待状を、下記の住所までお送り下されば幸甚に存じます。

(氏名)
住所と電話番号：

[書籍の購入を申し込む]

〈88〉

مدیر محترم انتشارات و کتابفروشی خوارزمی،

سلام عرض می کنم. نام من...است و دانشجوی سال چهارم رشتهٔ زبان فارسی در دانشگاه مطالعات خارجی اوساکا هستم. با دیدن فهرست انتشارات تازهٔ شما در کتابخانه دانشگاه آگاه شدم که چاپ سوم کتاب... نوشتهٔ...در سال...به وسیلهٔ شما منتشر شده است. چون برای نوشتن پایان نامهٔ تحصیلی‌ام به این کتاب نیاز دارم، سپاسگزار خواهم شد که یک جلد از آن با پست هوایی برایم به نشانی زیر بفرستید. بهای کتاب و هزینهٔ فرستادن آنرا هم لطفاً اعلام بفرمایید تا از طریق بانک برایتان حواله کنم.

از زحمتی که می دهم پوزش می خواهم.

با امتنان و احترام،
... ...

نشانی : (به حروف لاتین)

ハーラズミー出版社御中
　私は～という大阪外国語大学ペルシア語専攻の4年生です。大学の図書館で貴社の新刊書リストを見て、…年刊の～著～（書名）の第3版が

— 131 —

貴社から出版されたことを知りました。私の卒業論文作成にこの本が必要ですので、1冊を航空便で下記の住所までお送り頂ければ幸いです。本の代金と送料についても、お知らせ下されば銀行為替でお送りします。

　お手数をおかけしますが、よろしくお願い致します。

　　　　　　　　　　　　　　　（氏名）
　　　　　　　　　　　　　住所：（ローマ字で）

〈89〉

بنیاد محترم مطالعات ایران،

با عرض سلام،

خواهشمند است از کتابهای زال و سیمرغ و شعر برای نوجوانان که آن بنیاد منتشر کرده و در فصلنامهٔ ایران نامه آگهی شده است، یک نسخه از هر کدام با پست هوائی به نشانیم که در زیر آمده است بفرستید. مبلغ...بهای کتابها و هزینهٔ ارسال آن با حوالهٔ پستی تقدیم شد.

با امتنان فراوان،

イラン研究協会御中

　貴協会出版で、『イラン・ナーメ』誌に広告が出されていた『ザールとスィーモルグ』と『若者のための詩』を各1冊、航空便で下記の住所までお送り頂きたく存じます。代金と送料として…を郵便為替で郵送済みです。

[新聞購読を申し込む]

〈90〉

سردبیر محترم روزنامهٔ کیوان،

سلام عرض می کنم. نام من ...است و در دانشگاه کیوتو، ژاپن، زبان فارسی خوانده‌ام. پارسال فارغ التحصیل شدم. چون زبان فارسی را دوست دارم، می خواهم به خواندن آن ادامه بدهم.

چند روز پیش در دفتر کار یکی از دوستانم یک روزنامهٔ **کیوان هوایی** دیدم. میل دارم که این روزنامه را مشترک بشوم.

خواهشمندم ترتیب اشتراک یکسالهٔ **کیوان هوایی** برایم داده و این روزنامه بطور مرتب به نشانیم که در زیر این نامه نوشته‌ام، فرستاده شود. بهای اشتراک و طرز پرداخت آنرا هم لطفاً اطلاع بدهید تا پرداخت کنم.

برای توجهی که به درخواستم خواهید فرمود، سپاسگزارم.

با امتنان،

ケイヴァーン紙編集長殿

　私は～と申す者で、日本の京都大学でペルシア語を学び、昨年卒業致しました。ペルシア語が好きなので、勉強を続けたいと思っております。

　さて、数日前、友人の会社で『航空版ケイヴァーン』を見、この新聞を購読したいと存じます。

　そこで、『航空版ケイヴァーン』の年間購読契約を結び、新聞が毎号下記の住所宛て送られてくるよう、必要な手続きをお願い致します。購読料と、その支払方法も併せてお知らせ下さい。

　どうかよろしくお願い申し上げます。

[カレンダーを申し込む]

〈91〉

سازمان انتشارات...

با سلام، عطف به آگهی مندرج درصفحهٔ ۲۷ شمارهٔ ۲۲ بهمن ۱۳۷۳ روزنامهٔ کیوان در بارهٔ چاپ تقویم دیواری سال ۱۳۷۴ بهوسیلهٔ آن مؤسسه، خواهشمند است یک نسخه از این تقویم به نشانیم که در زیر این برگ نوشته شده است ارسال فرمایند. مبلغ... ریال هزینه معین شده با حواله پستی تقدیم شد.

با تشکر،

...

نشانی :

~出版社御中

　1373年バハマン月22日の『ケイヴァーン』紙27ページに掲載の広告によりますと、1374年の壁掛け型カレンダーが貴社から売り出されるとのことですので、下記の住所に1部お送り頂きたく存じます。定価の … リアルは、郵便為替でお送りしました。

(氏名)
住所：

[紹介を依頼する]

〈92〉

جناب آقای...،

با عرض سلام، تندرستی و دلشادیتان را همواره آرزو دارد.

با توصیهٔ چند تن از دوستان آگاه و به تناسب رشتهٔ تحقیقم علاقه

دارم که در انجمن مطالعات خاور میانه عضو بشوم. با مطالعهٔ سالنامهٔ تازهٔ این انجمن که یکی از همکاران در اختیارم گذاشت، با خوشوقتی دیدم که نام مبارک جنابعالی در فهرست اعضای آن ثبت است. چون در برگ درخواست عضویت خواسته شده است که نام دو نفر از اعضای کنونی انجمن به عنوان معرف فرد داوطلب عضویت نوشته شود، اگر صلاح بدانند و اجازه بفرمایند نام جنابعالی را به عنوان یکی از دو معرف خود در این برگ بنویسم.
همیشه سپاسگزار مراحمتان هستم.

با تقدیم احترام،

時下ますますご清祥のこととお慶び申し上げます。
　私は、友人たちの助言もあり、また私の専攻分野とも一致するため、中東学会への入会を希望しております。そこで、学会の最近の年報を同僚に借りて見ましたところ、幸いなことに貴殿のお名前が会員名簿に記載されておりました。入会申込書に、紹介者として現会員2名の名前が必要とありますので、もしお差し支えございませんでしたら、貴殿のお名前を紹介者の一人として書き込むことをご許可頂きたく存じます。
　いつもながらご高配に深くお礼申し上げます。

[借用を依頼する]

〈93〉

دوست و همکار ارجمندم،

با سلام، تندرستی و دلشادیتان را آرزو می کنم.

امسال قصد دارم با استفاده از ۲۰ روز مرخصی‌ام در تابستان با خانواده‌ام به اسپانیا بروم و در شهرهای ساحلی آنجا به شنا و گردش بگذرانیم. چندی پیش در دیدارمان فرمودید که در سفر سال گذشته‌تان به

اسپانیا، خودآموز زبان اسپانیایی (شامل کتاب و نوار صوتی) که در لندن یافته و خریده بودید سودمند بود و برای بیان مطالب ساده و لازم به اسپانیولی بسیار به کارتان آمد. ممنون خواهم شد که اگر ممکن باشد، این خودآموز را مدتی به‌امانت در دسترسم بگذارید تا من و خانوده‌ام در این فرصت خود را برای گفتگوی ساده به این زبان آماده کنیم. از زحمتی که می دهم شرمنده‌ام و پوزش خواه.

با امتنان و ارادت،

お元気でご活躍のこととお慶び申し上げます。

さて、今年、夏の20日間の休暇を利用して、家族とスペインに出かけ、沿岸の町で泳いだり遊んだりしたいと考えています。それで、この前お会いした折に、去年のスペイン旅行で、ロンドンで買われたスペイン語のカセット付き独習書が、スペイン語で必要最小限のことを言うのにとても役に立った、と伺ったことを思い出しました。できればしばらくこの独習書を拝借して、家族ともども易しい会話の練習をできるといいのですが。ご迷惑をおかけしますが、よろしくお願い致します。

[銀行口座の保証人を依頼する]

〈94〉

دوست گرامیم،

جناب آقای...،

با سلام، امیدوارم که حالتان خوب است و با فراغ خاطر می گذرانید.

به‌تازگی بانک...شعبهٔ مجهزی نزدیک محل سکونتم دائرکرده است که خدمات گوناگون بانکی ارائه می دهد. فکر می کنم که داشتن حساب بانکی در آنجا به تسهیل کارهایم کمک خواهد کرد. یادم است که چندی

پیش در دیدار و گفتگویمان از جنابعالی شنیدم که در این بانک حساب دارید و از کار آن راضی هستید. چون برای گشودن حساب جاری در این شعبه خواسته‌اند که یکی از دارندگان حساب در این بانک را به عنوان ضامن معرفی کنم، اگر مانعی نمی بینند و اجازه می فرمایند نام جنابعالی را به این عنوان در درخواستنامه‌ام بنویسم. از زحمتی که می دهم پوزش خواه و از مهرتان سپاسگزارم.

با امتنان بسیار،

お変わりなく御安泰のことと拝察申し上げます。

さて、～銀行が、新しくわが家の近くに設備の整った支店を開設し、様々な銀行サービスを提供するようになりましたが、この支店に口座を開けば、私の仕事の簡易化に役立つであろうと思われます。そこで、この前お目にかかってお話しした折に、この銀行に口座をお持ちで、業務内容に満足されていると伺ったことも思い出しました。実は、この支店に当座預金口座を開くには、この銀行の口座所有者の一人を保証人とする必要があるとのことですので、もしお差し支えなければ、貴殿のお名前を申込書に記入するご許可を頂けませんでしょうか。ご迷惑をおかけし、申し訳ございませんが、どうかよろしくお願い申し上げます。

[学校への成績の問い合わせ]

〈95〉

مدیر محترم دبستان...،

با عرض سلام، از مراقبتی که همواره در امر تحصیل فرزندم... دانش آموز سال پنجم آن دبستان داشته‌اند، سپاسگزارم.

چون با توجه به نوع استعداد و علاقه‌ای که فرزندم دارد مطمئن نیستم که در همهٔ درسها به‌یکسان و هماهنگ پیشرفت کرده باشد، به

همفکری و توصیهٔ جنابعالی و آموزگاران محترم نیازمندم. اگر صلاح و مناسب می دانید که برای یک یا چند درس که فرزندم در آن کمترپیشرفت دارد، معلم خصوصی در ساعتهای پس از مدرسه گرفته شود، خواهشمندم از نظرتان آگاه و راهنماییام فرمایید تا برابر توصیه‌تان رفتار کنم. معرفی معلم سرخانهٔ شایسته برای درسهایی که ناگزیر می دانید که فرزندم در آن تقویت بشود مایهٔ سپاسگزاری بیشترم خواهد شد.

با احترام و امتنان،

～小学校校長殿

拝啓　日頃は、貴校５年に在学中の～の教育にご尽力を賜り、有り難く存じております。

さて、わが子の能力と興味に鑑みまして、すべての教科に隔たりなく一様の進歩が見られるかどうか、不安がございますので、貴殿と諸先生方のご協力とご助言をお願い致します。そこで、差し支えなければ、子供が余り進歩を見せなかった教科について、放課後に家庭教師をつけるにあたり、指針となるべきご意見とご指導を頂きたいのです。また、子供が指導を受けざるを得ない教科について、適当な家庭教師をご紹介願えましたら、誠に幸甚に存じます。

[英会話学校への問い合わせ]

〈96〉

مدیر محترم آموزشگاه مکالمه انگلیسی **پیشرو**

با احترام، در پشت جلد کتاب درسی مکالمهٔ انگلیسی که...منتشر کرده است آگهی آموزشگاه شما را دیدم و به دوره‌های آموزش مکالمهٔ انگلیسی شما علاقمند شدم. می خواهم در این باره بیشتر بدانم، مثلاً تاریخ شروع و دورهٔ کلاسها، روز و ساعت و جای آن، نوع و درجه

بندی کلاسها و هزینهٔ نامنویسی و شرکت در این کلاسها.

خواهش می کنم اگر جزوه راهنما دارید نسخه‌ای از آن برایم بفرستید. اگر نه، لطفاً تلفنی اطلاع بدهید که چه وقت مناسب است که به دفترتان بیایم و اطلاعات لازم را بگیرم.

نشانی و شمارهٔ تلفنم را در زیر می نویسم.

با امتنان،

ピーシュロウ英会話学校校長殿
　〜出版の英会話テキストの裏表紙に掲載されていた、貴校の広告を見て、英会話コースに興味を持ちました。そこで、コースの開始日、期間、曜日、時間、場所、クラス編成、入学金、授業料といった詳しい情報を知りたく存じます。
　つきましては、入学案内がありましたら、1部を私宛てお送り下さい。もしなければ、お話を聞きにそちらに伺うのに適当な日時を、電話でお知らせ頂けませんでしょうか。私の住所と電話番号は下記の通りです。

[郵便切手の交換相手を求める]

〈97〉

انجمن ایرانی دوستداران تمبر،

با عرض سلام و احترام، به آگاهی می رساند: نام من...است و کارمند...در شهر...هستم. سرگرمی و ذوق اصلی‌ام گردآوری تمبرهای جهان مخصوصاً تمبرهای ایران و کشورهای حوزهٔ فرهنگی زبان فارسی که طبیعت و تاریخ و تمدن آنجا را نشان دهد است. علاقه دارم که با یک یا چند ایرانی دوستدار تمبر مکاتبه و با آنها تمبر مبادله کنم. سپاسگزار خواهم شد که چنین افرادی را به من معرفی فرمایند یا نام و

نشانی مرا در اختیار آنها بگذارند تا بتوانیم با هم مکاتبه و تمبر مبادله کنیم.

با امتنان و احترام،

... ...

نشانی :

イラン切手愛好家協会御中
　私は〜と申す者で、〜市の〜に勤務しております。私は、世界の切手、とくにイランおよびペルシア語文化圏諸国の自然・歴史・文明を示す切手の収集を最大の趣味とする者ですが、この度、イランの切手愛好家と文通し、切手を交換したいと考えております。そこで、該当する方を１名、もしくは数名、私にご紹介頂くか、先方に私の住所氏名をお知らせ願って、文通と切手交換にご助力頂ければ幸甚です。
　　　　　　　　　　　　　　　　（氏名）
　　　　　　　　　　　　　　　住所：

[学術情報の問い合わせ]

〈98〉

ریاست محترم کتابخانهٔ ملی ایران،

با عرض سلام، اجازه بدهید که خودم را معرفی کنم :
من...دانشجوی سال چهارم رشتهٔ فارسی در دانشگاه مطالعات خارجی اوساکا هستم. اکنون پایان نامهٔ تحصیلی‌ام را در بارهٔ **لباسهای عشایر ایران** می‌نویسم. برای این کار به چند مقاله که در سالهای گذشته در مجله های ایران چاپ شده است، و نیز به یک کتاب فارسی که در کتابخانه‌های ژاپن نیست، نیاز دارم. مشخصات این مقاله ها و نام کتاب را در زیر می نویسم :

۱) ... ...
۲) ... ...
۳) ... ...
۴) ... ...

متشکر خواهم شد که کپی مقاله ها را برایم آماده کنید و کتاب را هم امانت بدهید، و همه را با پست سفارشی برایم بفرستید. هزینهٔ کپی و پست را پرداخت خواهم کرد و کتاب را زود باز خواهم گرداند.

از زحمتی که به شما می دهم پوزش می خواهم.

با تقدیم احترام،

イラン国立図書館館長殿

私は大阪外国語大学ペルシア語専攻4年の～と申す者で、現在、「イランの民族衣装」に関する卒業論文を書いております。この作業のために、イランで出版された雑誌中の記事数点と、日本の図書館では見つからないペルシア語の本1冊を必要としております。論文の詳細と本の題名は以下の通りです：

1）……
2）……
3）……
4）……

論文はコピーで、本の方は貸し出しとして、一緒に私宛て、書留でお送り頂ければ幸いです。コピー代金は郵送致しますし、本も早急にお返し致します。

お手数をおかけして申し訳ありませんが、よろしくお願い致します。

[留学の問い合わせ]

〈99〉

ریاست محترم دانشگاه تهران،

سلام عرض می کنم. من یک دختر دانشجوی ژاپنی هستم که در کلاس چهارم رشتهٔ فارسی در دانشگاه مطالعات خارجی اوساکا درس می خوانم، و در ماه مارس آینده فارغ التحصیل خواهم شد.

چون زبان فارسی و فرهنگ ایران را دوست دارم، می خواهم درسم را در ایران دنبال کنم. نهایت آرزویم اینست که دو یا سه سال در دانشگاه شما زبان فارسی یاد بگیرم و در ادبیات و تاریخ ایران تحقیق کنم. فکر می کنم که برای خواندن زبان فارسی و آشنا شدن با تاریخ و فرهنگ ایران، زندگی و تحصیل کردن در ایران بهتر است. من ایران را خیلی دوست دارم.

امیدوارم که مرا در دانشگاهتان بپذیرید، و راهنمایی بفرمایید که برای ورود به دانشگاه تهران چه باید بکنم.

از توجهی که به این در خواستم خواهید فرمود سپاسگزار خواهم بود.

با تقدیم احترام،

テヘラン大学学長殿

私は大阪外国語大学ペルシア語専攻４年に在籍する日本人女学生で、来年3月には卒業の予定です。

私はペルシア語とイラン文化に傾倒致しておりますので、イランで学業を続けたいと考えております。できることなら２、3年貴大学でペルシア語を学び、イランの文学と歴史を研究したいのです。ペルシア語を学び、イランの歴史・文化を知るには、イランで暮らし、学ぶのがより良いと思うのです。私は本当にイランが好きです。

どうか私を貴大学に受け入れて頂きたく、テヘラン大学に入学するにはどうしたらいいのか、ご教示をお願い致します。
　私の請求にお応え頂ければ幸甚に存じます。

[絨毯工場見学を問い合わせる]

〈100〉

اداره محترم میراث فرهنگی تبریز،

گروهی حدود بیست نفر از دانشجویان رشتهٔ شرقشناسی و تاریخ و هنر خاور میانه و نزدیک این دانشگاه در تعطیل تابستان امسال از تاریخ...تا تاریخ...برای دیدار از شهرها و آثار تاریخی، فرهنگی و هنری به‌ایران سفر خواهندکرد، و قرار است روزهای...را در تبریز بگذرانند. چون فن و هنر قالیبافی در آذربایجان تاریخ بلند دارد و اصالت طرح و نقش قالی تبریز معروف است، این دانشجویان اشتیاق دارند که در تبریز از چند کارگاه تهیه نقشهٔ قالی و نیز قالیبافی دیدن کنند. سپاسگزار خواهد بود که چند کارگاه را که بتوان در یک نیمه روز از آن دیدن کرد معین و معرفی فرمایند. هرگاه در جلب موافقت این کارگاهها و تنظیم برنامه بازدید نیز یاری فرمایند مایهٔ امتنان هر چه بیشتر خواهد بود.

با احترام،
....
استاد بخش...دانشگاه...

タブリーズ文化遺産局御中
　当大学の東洋学および中近東歴史文化学科の学生約20名が、今年の夏期休暇期間中の〇月△日より〇月△日まで、歴史的、文化的、芸術的都

— 143 —

市と遺跡見学のためイランに旅行し、×日間タブリーズに滞在する予定になっております。アゼルバイジャンの絨毯産業は長い歴史をもち、タブリーズ産絨毯のデザインも有名ですので、学生たちはタブリーズで絨毯工場を数カ所訪問し、絨毯織りの現場も見学したいと強く希望しております。そこで、半日間で見学可能な工場をいくつかご紹介願えれば幸甚です。また、そのうち許可頂ける工場の確認と、訪問計画の作成にもご協力願えましたら、併せて感謝致します。

～大学～学科教授　（氏名）

［イラン旅行の資料を求める］

〈101〉

سفارت محترم ایران ــ توکیو،

سلام عرض می کنم. نام من ...است و کارمند شرکت...در ناگویا هستم.

چون در دورهٔ دانشگاه زبان فارسی خوانده‌ام، می خواهم در تعطیل تابستان امسال برای دو هفته به ایران بروم تا فارسیم پیشرفت بکند و نیز شهرهای ایران را از نزدیک ببینم و از آثار تاریخی و موزه‌های هنری ایران دیدن کنم.

خواهش دارم که، در صورت امکان، کتابچهٔ راهنما و نقشه و هر گونه نوشتهٔ دیگر که برای آشنایی با شهر ها و مکانهای تاریخی و دیدنی و موزه‌های ایران، و همچنین طرز سفر در ایران، مفید باشد، برایم بفرستید.

پیشاپیش برای محبت شما و توجه به تقاضایم و راهنمایی که خواهید فرمود، تشکر خود را تقدیم می دارم.

با احترام،

在東京イラン大使館御中

私は名古屋の～会社に勤務する～と申す者です。

大学時代にペルシア語を勉強したこともあり、今年の夏期休暇に2週間イラン旅行して、ペルシア語を上達させ、また、イランの町を目の当たりにしたり、遺跡や美術館を見たりしたいと考えております。

そこで、できましたら、観光案内書や地図など、イランの町や観光名所、美術館の見方、また、イラン旅行の仕方に関する資料なら何でも、お送り頂きたいと存じます。

あらかじめ、貴殿のご親切と私の請求へのご配慮、およびご指導にお礼申し上げます。

[ビザ取得のための案内を頼む]

〈102〉

سفارت محترم...،

شعبه کنسولی،

با عرض سلام، به آگاهی می رساند: نگارندهٔ این نامه...(نام) در رشتهٔ...دانشگاه...درس خوانده‌ام و اکنون در...مشغول کار هستم. چون به فرهنگ ایران و آثار تاریخی بازمانده و به‌ویژه معماری ایران علاقمند هستم، تصمیم دارم در تابستان امسال همراه یکی از دوستان همکارم به مدت دو هفته به ایران بروم و از شهرهای...دیدن کنم. خواهش دارد از ترتیب و تشریفات گرفتن روادید برای سفر گردشی به ایران آگاهم فرمایند.

با امتنان و احترام،

... ...

نشانی :

شمارهٔ تلفن و فاکس :

～大使館領事部御中

当方は～（氏名）と申す者で、～大学～学部を卒業後、現在は～に勤務致しております。さて、私はイラン文化と歴史的遺跡、とくにイラン建築に興味をもっておりますが、今夏友人の一人と、２週間イランへ旅行し、～などの町を訪問する計画を立てております。そこで、イランへの観光旅行に必要なビザの取得方法についてご教示頂きたいと存じます。

(氏名)
住所：
電話・ファクス番号：

[外国人管理局に証明書発行を頼む]

〈103〉

اداره محترم اقامت خارجیان،

با توقیر به آگاهی می رساند: اینجانب...تبعهٔ ژاپن و دارندهٔ گذرنامهٔ ژاپنی شمارهٔ...صادر شده از...در تاریخ...، دارای اجازهٔ اقامت در ایران برای تحصیل/کار به شمارهٔ...مورخ...از آن ادارهٔ محترم هستم که عکس (کپی) آن به پیوست تقدیم می شود. چون مادرم قصد دارد در تعطیل نوروز برای دیدنم به ایران بیاید و سفارت ایران در توکیو صدور روادید برای او را موکول به ارائهٔ دعوتنامه همراه گواهی رسمی حاکی از اقامت مجازم در ایران کرده، خواهشمند است نامه‌ای در تأیید اجازهٔ اقامتم صادر و در اختیارم گذاشته شود تا برای تکمیل مدارک درخواست روادید مادرم بفرستم.

با عرض احترام و امتنان،

... ...

نشانی :
شمارهٔ تلفن :

外国人管理局御中

　私は〜と申す日本人で、○年△月×日〜発行の、旅券番号 … の日本のパスポートを所持し、イランでの研究／就業ビザ（貴局発行で日付 … 番号 …）を持つ者です。パスポートとビザのコピーは同封しております。さて、私の母が、正月の休暇中に私に会うためイラン訪問を計画しておりますが、在東京イラン大使館に問い合わせましたところ、母に対するビザの発行には、イランでの私の滞在許可を示した公式証明書と招待状の提示が必要とのことでした。そこで、母のビザ申請書類の一部として郵送するため、私の滞在許可を確認する手紙をご発行頂きたいと存じます。

（氏名）
住所：
電話番号：

[電気料金の口座引き落としを頼む]
〈104〉

شرکت محترم برق منطقهٔ …،
اینجانب … دارای یک شعلهٔ اشتراک برق به شمارهٔ … برای خانهٔ مسکونیم واقع در … (نشانی کامل) هستم، و هرماهه بهای برق مصرف شده را پس از دریافت صورتحساب به شعبهٔ … بانک … پرداخت می کنم. چون به‌تازگی خود و همسرم هر دو تمام وقت شاغل هستیم و مراجعه به بانک در ساعت اداری به منظور پرداخت بهای صورتحساب برق برای هر دومان بسیار دشوار است، خواهش دارد ترتیبی معمول بفرمایند که با دادن اختیار به شعبهٔ بانک محل نگاهداری حسابم بهای برق مصرف شده هر ماهه از حساب بانکیم برداشت شود.
برای توجهی که به این درخواست خواهند فرمود پیشاپیش امتنان

خود را تقدیم می‌دارد.

با احترام،

~地区電気会社御中
　私は~と申しまして、~（住所）の自宅に使用者番号…の電気使用予約を持っており、毎月、電気料金を請求書に従って、~銀行~支店に支払っております。ところが、最近、共働きとなり、取扱時間中に銀行に電気料金を支払いに出かけることが非常に困難になりました。そこで、毎月の使用電気料金引き落としを、銀行支店の口座維持部に委任するに必要な手続きをとって頂きたく存じます。
　この請求に対するご高配に、前もってお礼申し上げます。

[技術者を求める]

⟨105⟩

اتحادیهٔ صحافان و کتابسازان تهران،

کتابخانهٔ مؤسسه فرهنگی... به‌تازگی یکهزار جلد کتابهای چاپ قدیم یک کتابخانهٔ خصوصی را خریداری کرده و قرار است که این کتابها پس از فهرست نویسی و بازسازی در اختیار مراجعان این کتابخانه گذاشته شود. چون بیشتر این کتابها کهنه و دارای جلد نرم و فرسوده است، در نظر است که کتابها از نو صحافی و جلد شود، و برای این منظور به همکاری یک صحاف ماهر که بتواند این کتابها را در کارگاه بازسازی این کتابخانه صحافی کند نیاز دارد. خواهشمند است استادکار صحاف صالح و ماهری که آماده انجام دادن این کار میان ماههای ...و...باشد به این کتابخانه معرفی فرمایند. هرگاه همراه با معرفی فردی در مورد شرایط کار و میزان مناسب حق الزحمه نیز توصیه و راهنمایی لازم بفرمایند مایهٔ امتنان بیشتر خواهد بود.

با تشکر فراوان،
...
رئیس کتابخانه

テヘラン製本業組合御中
　～文化協会図書館は、近頃、個人蔵の1000冊の古書コレクションを購入致しました。当図書館は、分類・修理の後、このコレクションを閲覧者に公開する方針です。ところが、かなりの本が古く、表装が傷んでおりますところから、新しく製本し直すことに致しました。そこで、当図書館の修理部で製本にあたる熟練者を1名必要としております。つきましては、〇月から△月の間にこの仕事をするに適任の熟練製本業者を、ご紹介頂きたく存じます。また、その際に、労働条件や報酬の相場につきましても必要なご助言・ご指導を賜わりますれば、幸甚に存じます。
　　　　　　　　　　　　　　　　　　　図書館長　　（氏名）

[求職者の勤務歴を問い合わせる]
〈106〉

مدرسه عالی...،

آقای...برای شغل باغبانی (نگهداری باغچه و درخت و چمن محوطه) این کتابخانه داوطلب شده و در درخواستنامهٔ خود اعلام داشته که مدت دوازده سال باغبان شاغل در آن مدرسهٔ عالی بوده و نحوهٔ کار و انجام وظیفه او در این سالها مورد نهایت رضایت بوده است. با فرستادن درخواستنامهٔ آقای...که در آن این کتابخانه را مجاز به پرس و جوی لازم، و از جمله استعلام از کار فرمای پیشین، برای احراز صلاحیت خود شناخته، خواهشمند است از نظری که در بارهٔ نحوه و کیفیت خدمت وی در مدت اشتغال در آن مؤسسه دارند این کتابخانه را

— 149 —

آگاه فرمایند. پیشاپیش مراتب امتنان خود را برای همکاری و یاریتان با این کتابخانه تقدیم می دارد.

با احترام،
... ...

رئیس کتابخانه

~高等専門学校御中
 ~氏は、当図書館の庭師（構内の庭、樹木、芝生の管理）職の候補者となっていますが、求職書には、貴校において12年間庭師を勤め、その間、勤務状況および態度を高く評価されていたと記されております。求職書提出に際し、当図書館による前雇用主への照会を含む必要事項の調査を~氏本人が承認しておりますので、貴校における勤務期間中の氏の勤務状況について、当図書館にお知らせ頂きたく存じます。前もって、当図書館へのご協力とご助力に深く感謝申し上げます。

図書館長　　（氏名）

§6. お悔やみ・お見舞いの手紙とその礼状

1. お悔やみの手紙とその礼状

　お悔やみの手紙は、白く簡素な便箋に、黒や紺など濃色のインクで書く。内容は、遺族に対する同情の気持ちと、故人の在りし日の良い思い出のみを簡潔に述べる。
　表現の面で日本語の手紙と異なっている点を挙げてみると：
（1）親族以外の者でも、故人の死去を悲しむ気持ちを相手と分かち合おうという、日本人から見れば出すぎた態度とも捉えられる表現が見られる。

(2) 宗教柄、人の死も神の御心として甘受し、故人の魂の平安を願うという慰め方が一般的である。
(3) 手紙の結びに、ほかの場合と同様に、相手への祝福の言葉を付け加える。

などが挙げられる。

なお、故人の葬式や追悼会に出席する場合は、悔やみ状を送る必要はない。

弔電も広く使われ、故人を偲ぶ気持ちの強さの表れだと受けとめられている。とくに、遠方にいて手紙では間に合わない場合はそうである。また、弔慰広告が新聞に掲載されることもある。

お悔やみの手紙、電報、弔慰広告には、礼状が必要である。弔問客や悔やみ状に対して、新聞に一括して会葬御礼が出されることもあるが、遺族としてはできる限り、個々のお悔やみに対して返事の手紙を書くことがふさわしい態度である。

[父を亡くした友へ]

〈107〉

دوست نازنین،

با اندوه فراوان خبر جانکاه درگذشت پدر بزرگوارتان را شنیدم. این فقدان بزرگ را به شما، خانم مادر ارجمندتان و خواهر و برادران گرامیتان صمیمانه تسلیت می گویم. در این ضایعه شریک اندوهتان هستم. پدر معظّمتان جدا از داشتن شخصیت والای اجتماعی، نمونهٔ برجسته نوعدوستی، نیکوکاری و دیگر فضایل والای انسانی بود. از رهنمود و یاریشان فراوان برخوردار و همواره سپاسگزار مهربانیشان

بوده‌ام.

خداوند روح آن مرحوم را شاد و شما و همه بستگان را تندرست و موفق بدارد.

دوست شما،

ご尊父様ご逝去の悲報に接し、哀悼の念にたえません。貴兄を始め、母上様、ご兄弟姉妹の皆様、さぞかしお力落としのことと拝察し、心からお悔やみ申し上げます。私も、悲嘆に暮れております。父上様は、社会で指導的立場にあられたばかりでなく、博愛、慈善をはじめとする人間的美徳の鑑であられました。私も、折にふれご指導ご鞭撻を頂き、常々ご親切に感謝致しておりました。

亡き父上様のご冥福をお祈りし、ご家族の皆様のご健勝を願っております。

〈108〉

دوست گرامی،

برای نامهٔ تسلیت و همدردیتان در واقعه درگذشت پدرم سپاسگزارم. یادآوری و ابراز محبت دوستان مهربانی چون شما مایهٔ عمده تسلایم در این ماتم بزرگ بوده است.

با امتنان از احساسات صمیمانه‌ای که ابراز داشته‌اید، تندرستی و بهروزیتان را آرزومندم.

دوستدارتان،

父の永眠に際しまして、ご丁寧なご弔慰のお手紙を頂き、ありがとうございました。貴方のような心優しい友に心からの励ましを頂戴したことは、このたびの不幸に打ちひしがれた私にとっての、大きな慰めとなっております。

ご懇情あふれるお心遣いに、お礼申し上げますと共に、ご自愛とご多幸を願っております。

[妻を亡くした友へ]

〈109〉

دوست مهربان و نازنین،

از دست دادن همسر و مونس زندگی دردی جانکاه است. در این واقعه ماتمزا مرا در غم خود سهیم بدانید. زنم هم چون من اندوهگین و سوگوار است. امیدوارم که شما و فرزندان دلبند و بستگان ارجمندتان با شکیبائی و تسلیم به قضای آسمان براین اندوه بزرگ چیره آیید.

یاد آن شادروان همواره گرامی و عمر و عزت بازماندگان بردوام باد!

人生の伴侶を失うことは、どんなにか辛いことでしょう。この度の訃報に接し、私も、哀悼の気持ちにたえません。妻も私同様、悲しみにくれております。貴方を始め、お子様方、ご親族の方々が、天の定めに耐え、この大きな悲しみに打ち勝たれますよう、願ってやみません。

亡き奥様の思い出が常に麗しく、ご遺族のご発展が続きますように！

〈110〉

دوست ارجمندم،

یادآوری و نامهٔ محبت آمیزتان در تسلای درگذشت همسرم قدری از بار این اندوه جانکاه کاست. برای مهربانیتان بسیار سپاسگزارم.

تندرستی و دلشادی و برکامی شما و همسر ارجمند و خانوادهٔ محترمتان را از خداوند خواهانم.

亡妻の死去に際し、お心のこもったお手紙を頂き、やりきれない悲しみの重荷が少しは下りた思いがいたしました。お心遣い、まことに有り難うございました。

あなた様を始め、御奥様、ご家族ご一同様のご健勝とご幸福をお祈り申し上げております。

[夫を亡くした女性へ]

〈111〉

حضور محترم سرکار خانم...

با اندوه بسیار از درگذشت دوست دیرین گرانقدرم و همسر عزیزتان آگاه شدم. خود و همسرم این مصیبت را به شما و فرزندان دلبند برومندتان تسلیت می گوییم.

می دانید که آن شادروان برایم دوستی صمیمی، دلسوز و مهربان بود و از یاری و نیکمردی و محبتش فراوان برخوردار بوده‌ام. مرا در غم خود سهیم بدانید و هرگونه خدمتی که از من برای شما و خانواده‌تان، خاصه در این روزهای دشوار، برآید، بیدرنگ ارجاع بفرمایید تا با دل و جان در انجام دادنش بکوشم.

بقای عمر و سلامت و سعادت سرکار و فرزندان ارجمندتان را آرزو دارم.

با احترام،

私の尊い旧友であるご主人様のご逝去を知り、悲しみにくれております。家内共々、貴女様と最愛のお子様方にお悔やみ申し上げます。

ご存じのように、故人は私の情け深く寛大な親友であり、幾度となく、男らしさと情愛の深さを見せてくれたものでした。故人を悼む気持ちは、私とて同じこと、苦しいこの時期に貴女様とご家族のためにお役に立つ

— 154 —

ことがございましたら、どうか遠慮なさらずに何なりとお申し付け下さい。
　貴女様と素晴らしいお子様方のご長寿とご健康とご幸福を祈っております。

〈112〉

جناب آقای...،
نامهٔ تسلیت محبت آمیزتان را در اندوه درگذشت همسرم با امتنان دریافت داشتم. برای احساس و ابراز همدردیتان سپاسگزارم.
همسر از دست رفته ام از جنابعالی همواره چون دوست خوب و صمیمی خانواده یاد می کرد. من و فرزندانم نیز همین احساس را داریم و بزرگواریتان را قدر می شناسیم. اگر موردی پیش بیاید، راهنمایی و کمکتان را استدعا خواهیم کرد.
حضور سرکار خانم عرض سلام و امتنان دارم.
با آرزوی تندرستی و بهروزیتان، و با تجدید تشکر،

　夫を失った悲しみにくれている時、貴方様からのご丁寧な御弔詞を頂き、有り難く存じました。ご厚情にお礼申し上げます。
　亡き夫は、常々貴方様を私ども一家の素晴らしい親友であると申しておりました。私と子供達も、思いは同じでございまして、貴方様のご高配に心から感謝致しております。何かの折りには、是非ともご指導ご助力を賜りたく、お願い申し上げます。
　御奥様にも、どうかよろしくお伝え下さいませ。
　ご健康とご発展を祈り、重ねてお礼申し上げつつ

[子供を失った友へ]

〈113〉

دوست مهربان نازنینم،

با یک دنیا اندوه و افسوس از مرگ نابهنگام فرزندتان آگاه شدم. مرا در این اندوه بزرگ سهیم بدانید. با تقدیر نمی توان تدبیر کرد و از اجل گریز نیست. روح پاکش شاد باد!
برای شما و همسر ارجمندتان در این غم شکیبایی آرزو می کنم.
رحمت و تأیید خداوندی یارتان باد!

دوستدارتان،

突然の御愛息の訃報に接し、あまりのことに茫然としております。この大きな悲しみを私にも背負わせて下さい。運命には誰しもあらがえず、死を免れる者もおりません。清らかな魂が楽しくありますように！
あなた方ご夫婦が、この悲しみに堪えられることを願っております。
神のお慈悲とお助けがありますように！

〈114〉

دوست عزیز پرمهرم،

از اینکه در این غم جانکاه با نامهٔ پرلطف خود به تسلای دل شکستهٔ من و همسرم برآمدید، هردومان سپاسگزاریم. یادآوری و مهربانیتان را در این روزهای دشوار زندگی ارج می گذاریم.
سلامت و عزت و سعادت پیوسته با روزگارتان قرین باد!

با تجدید سپاس،

この耐え難い悲しみの中で、貴女様のお心遣いあふれるお手紙が、私

と妻との傷心の慰めとなったことをお礼申し上げます。この人生の難局にあたり、ご厚情を有り難く存じております。

健康と栄誉と幸福が常にあなたの人生の盟友でありますように！

[祖父を亡くした友へ]

〈115〉

دوست عزیزم،

در گذشت پدربزرگتان را تسلیت می گویم و در این مصیبت برای شما و خانواده تان تحمل و بردباری آرزو می کنم.

خبر این واقعه بسیار اندوهگینم کرد. آن شادروان مردی فاضل و دل آگاه و انسانی با کمال و دوست داشتنی بود.

لطفاً احساس همدردی صمیمانه‌ام را حضور پدر ارجمندتان معروض دارید. با آرزوی تندرستی و بقای عمر شما و همهٔ بازماندگان،

دوستدارتان،

ご祖父様のご逝去にお悔やみを申し上げ、ご家族の皆様が、悲しみに堪えられますよう願っております。

ご訃報は、私にも本当に悲しいものでした。故人は博学、賢明にして、教養あふれ、まことに愛すべき方でした。

お父様にも、私の心からの哀悼の念をお伝え下さい。

あなた様とご遺族の皆様のご健康とご長寿を祈りつつ

〈116〉

یار گرامی،

برای نامهٔ تسلیت مهرآمیزتان در واقعه درگذشت پدربزرگم سپاسگزارم. پدرم نیز از این ابراز همدردی صمیمانه تان امتنان دارد.

تندرستی و کامیابی همیشگی آندوست عزیز را خواهانم.
با مودت،

祖父の逝去に際しまして、ご鄭重なお手紙を頂戴し、有り難うございました。父も、あなた様のご厚情に感謝致しております。
あなた様のご健康とご多幸を願っております。

[一般的な悔やみ状／弔電と礼状]
〈117〉

جناب آقای...،
با نهایت اندوه، مصیبت وارد شده را به جنابعالی و خانوادهٔ محترم تسلیت عرض می کند.
از درگاه خداوند برای جنابعالی و دیگر بازماندگان بقای عمر و دوام سلامت آرزو دارد.

悲報に接し、大きな悲しみをもって、あなた様とご家族の皆様にお悔やみを申し上げます。
貴殿とご遺族の皆様のご長命とご健康を神に祈願しております。

〈118〉

جناب آقای...،
پیام تسلیت صمیمانه‌تان در ماتمی که روی کرده است مایهٔ دلداری و موجب سپاسگزاریم شد.
تندرستی و توفیق جنابعالی را از درگاه ایزد توانا خواستار است.

— 158 —

この度の不幸に際し、ご丁寧なお悔やみを頂き、心強く存じました。まことに有り難うございました。

あなた様のご健康とご成功をお祈り申し上げております。

[新聞に掲載された死亡通知と弔慰広告]

خانواده محترم رضوانی
سفر بی‌بازگشت نوگلهای عزیز مونا و امیر منصور غمی به ژرفای دریاها و اندوهی به سنگینی کوههاست. ما را در غم خود شریک بدانید.
بهنام - زهره - مرجانه - پدرام

تسلیت به همکار
با کمال تأسف آگاه شدیم، آقای **محمدرضا اسماعیل‌پور** همکار ما در روزنامه اطلاعات، پسر جوان خود را در حادثه‌یی از دست داده است. این ضایعه را به این همکار عزیز مطبوعاتی تسلیت می‌گوییم.
هیأت تحریریه روزنامه ایران

بازگشت همه به سوی اوست

با نهایت تأسف و تأثر درگذشت بانوی با فضیلت مرحومه مغفوره **سیده زهرا ناظم زاده (شریف زاده)** والده گرامی جناب آقای محمد شریف زاده نایب رئیس محترم اتحادیه و مدیر چاپ شفق را به اطلاع کلیه همکاران می‌رساند. مجلس ترحیم زنانه و مردانه روز شنبه ۷۴/۶/۱۱ از ساعت ۴ الی ۵/۳۰ بعدازظهر در مسجد فخرآباد واقع در دروازه شمیران، ابتدای خیابان فخرآباد منعقد می‌باشد. حضور همکاران گرامی باعث شادی روح آن مرحومه و تسلی خاطر بازماندگان خواهد بود.

اتحادیه - شرکت تعاونی و انجمن اسلامی صنف چاپخانه داران

[会葬・弔問御礼の広告]

⟨119⟩

خانواده‌های...، ...و... و دیگر خانواده‌هایی که در مرگ عزیز از دست رفته خود... داغدار شده‌اند، سپاس بی پایان خود را حضور سروران و دوستان و آشنایان ارجمند که با لطف و مهربانی بسیار با خویشان و نزدیکان آن شادروان غمخواری نشان داده و با تشریف فرمایی به مجالس ترحیم و شب هفت و فرستادن پیام های همدردی یا درج آگهی تسلیت در مطبوعات، مایهٔ آرامش روان آن مرحوم و دلداری بازماندگان شده‌اند، تقدیم می دارند و تندرستی و توفیق ایشان را آرزو دارند. اگر در عرض تشکر حضوری یا کتبی کوتاهی شده، برای تألم روحی از این فقدان بزرگ بوده

— 160 —

است و امید عفو دارد.

از سوی خانواده های داغدیده،

　～家、～家、～家ほか親族一同は、故～逝去に際し、故人の近親者と共に深い悲しみの気持ちをお示し下さり、また、追悼会、初七日の法要にご参会下さったり、ご弔辞を直接、あるいは新聞等にお寄せ頂くことで、故人の霊に安らぎを与え、遺族の心の支えとなって下さった友人、知人の皆様に、心より厚くお礼申し上げ、皆々様のご健康とご多幸をお祈り致します。参上致しまして、また書状をもちましてのお礼を申し上げておりません場合は、悲嘆の念の余りとお察し下さい。

遺族一同

2. お見舞いの手紙とその礼状

[病気見舞い]

〈120〉

دوست گرامیم،

با درود فراوان، تندرستی و بهروزیتان را همیشه خواهانم. نزدیک یک سال می شود که کارم به مشهد منتقل شده است و از دیدار شما و دیگر دوستان تهران محروم مانده‌ام. با رسیدن نامه یکی از دوستان مشترک اطلاع یافتم که کسالتی پیدا کرده و در بیمارستان بستری شده‌اید. البته نوشته بودند که تا پایان این ماه بهبود کامل خواهید یافت و بیمارستان را ترک خواهید کرد، پس تا اندازه‌ای از نگرانیم کاسته شد. دریغ است که از تهران دورم و نمی توانم برای دیدار و احوالپرسی حضوری شرفیاب بشوم. پس اجازه می خواهم که با این نامه آرزوی قلبیم را برای شفای هر چه زودتر و باز یافتن کامل تندرستی تان تقدیم کنم.

امید است که به یاری خداوند و به‌زودی این بیماری را که در جای خود تجربه‌ای طبیعی در زندگی است پشت سر بگذارید و با توان بیشتر و روحیهٔ تازه کار و فعالیت عادی را از سر بگیرید و خانوادهٔ ارجمندتان و نیز همهٔ دوستان را خوشحال سازید.

با مهر بسیار،

ご健康とご多幸をお祈りしております。マシュハドに転勤して一年近くになり、あなたやテヘランのほかの友人たちにもご無沙汰致しております。共通の友人からの手紙で、体調を崩されてご入院中と知りました。今月末には全快されてご退院の予定ともあったので、少しは安堵致しましたが。テヘランまでは遠すぎてお見舞いにも伺うことができませんので、せめて書面で一日も早いご全快を願う気持ちをお伝えしたく存じました。長い人生にはよくある経験とは申せ、神の御加護をもって病を吹き飛ばされ、以前にも増す活力と新たな意気込みと共に、元のお仕事と活動を再開され、ご家族様と友人たちを喜ばせる日が速やかに訪れますよう、願ってやみません。

〈121〉

دوست ارجمندم،

نامهٔ مهرآمیزتان را با خوشوقتی دریافت کردم. برای عنایت و مهربانی و احوالپرسی‌تان سپاسگزارم. شکر خدا را که حالم رو به بهبود است و تا یک هفتهٔ دیگر از بیمارستان مرخص خواهم شد و سر کار و زندگیم برخواهم گشت. ابراز لطف و محبت دوستان مشفقی چون جنابعالی مرا نیرو و روحیه داد و در بازیافتن تندرستی‌ام یاری کرد. سلامت و کامیابیتان همیشه آرزویم است.

با تجدید امتنان،

ご懇切なお手紙を頂戴し、うれしく存じました。ご好意とご厚情に感謝致します。お陰様で、私も快方に向かっており、一週間後には退院して、元の生活に戻れることになりました。あなた様を始めとする心優しい友人たちの情愛に励まされ、助けられて、健康を取り戻すことができたのだと思っております。ご健康とご隆昌をいつも願っております。

[災害見舞い]

〈122〉

دوست عزیزم،

در این چند روزه گزارشهای مطبوعات و اخبار رادیو و تلویزیون را از بارانهای شدید و سیل در منطقهٔ شما با دلواپسی دنبال کرده و نگران حالتان بوده‌ام. ناحیه‌ای از شهرتان که سیلاب گرفته به محل زندگی شما نزدیک است و دل نگران بوده‌ام که این وضع در حال و کارتان اثر داشته و دشواری و ناراحتی برایتان فراهم کرده باشد. امیدوارم که آندوست گرامی و همه خانواده تان از تاثیر این توفان و سیل برکنار مانده و تندرست و خوش باشید. اگر، هر گاه که فرصت یافتید، از سلامت حال خود آگاهم کنید مایهٔ آسودگی خاطر و امتنانم خواهد بود.

ارادتمند،

　ここ数日来、新聞記事やラジオ、テレビで、あなたの地方の豪雨と洪水のニュースを見て、どんな様子かと心配しております。洪水に見舞われた市の地区は、お宅の地区に近いので、もしや生活やお仕事に影響を与えてはいないか、お困りのことはないかと心に掛かっております。今回の嵐と洪水の被害を免れて、ご家族共々ご無事でいらっしゃることを願っております。お時間がございましたら、様子をお知らせ下さって、胸をなで下ろさせて下さい。

〈123〉

دوست گرامیم،

نامه محبت آمیزتان را با مسرت دریافت کردم. برای احوالپرسی صمیمانه تان سپاسگزارم. حال من و بستگان بحمدالله خوب است. سیلاب با اینکه ناحیه‌ای از شهر را تا نزدیک منزلمان فرا گرفت، خوشبختانه پیشتر نیامد و جز دو سه روز بسته شدن راه رفت و آمد به مرکز شهر و محل کارم و مدرسهٔ بچه ها اثر دیگری در زندگی هرروزه‌مان نداشت.

با تجدید امتنان برای عنایت و مهر آندوست عزیز، تندرستی و دلشادی جنابعالی و خانوادهٔ ارجمند را آرزم دارم.

با درود فراوان،

ご丁寧なお手紙を頂き、うれしく存じました。お心にかけて下さって、有り難うございます。お陰様で、私も家族の者も元気にしております。洪水は家の近くまで来ましたが、幸いにも止まってくれましたので、2、3日、町の中心や職場、子供の学校への道が封鎖されていたほかには、日常生活に支障はありませんでした。

重ねてご厚情に感謝し、皆々様のご健勝とご幸福を祈っております。

[地震見舞い]

〈124〉

جناب آقای…،

سفیر محترم جمهوری اسلامی ایران — توکیو،

از رویداد غم انگیز زمین لرزهٔ ویران کننده در شمال و غرب ایران بسیار اندوهگین شدم. تلفات گران و ویرانگری گستردهٔ این زلزله دل هر

دوستدار ایران را تکان می‌دهد. در این مصیبت به مردم گرامی ایران و بازماندگان این حادثه و به جنابعالی و اعضای سفارت محترم جمهوری اسلامی ایران تسلیت عرض می کنم. برای درگذشتگان آرامش روح و برای بلادیدگان شکیبایی و بهبود حال آرزو دارم. امید است که مناطق ویران شده هر چه زودتر بازساخته شود و مردم شهرها و روستاهای آسیب دیده زندگی عادی خودشان را از سر بگیرند.

برگ رسید مبلغ...که برای کمک به بازسازی نواحی آسیب دیده به حساب مخصوص در بانک...واریز شد همراه این نامه تقدیم می شود.

با احترام،

... ...

نشانی : ... ...

在東京イラン・イスラーム共和国大使閣下
〜殿

　イラン北部および西部を恐るべき大地震が襲ったという悲報を聞き、悲しみに沈んでおります。この地震による甚大な損害と被災地域の広がりは、イランを愛する者の心を揺さぶらずにはおきません。この災害に際し、親愛なるイラン・イスラーム共和国国民と、被災者の皆様、そして閣下とイラン・イスラーム共和国大使館職員の皆様にお見舞い申し上げます。亡くなった方々には魂の平安を、そして被災者の皆様には忍耐と状況の改善を祈っております。被災地域の再建が一刻も早く成し遂げられ、被害を受けた町村の人々が一日も早く普段の生活に戻られることを願います。

　被災地域再建の一助となることを願って、〜銀行の特設口座に振り込まれた金…の領収書を同封致します。

(氏名)
住所：……

§7. 通知の手紙

[住所変更通知]

〈125〉

... (نام کامل) به آگاهی می رساند که از تاریخ... از شمارهٔ... کوچهٔ... خیابان... (نشانی قدیم) به منزل جدید در خیابان... نقل مکان کرده است/خواهد کرد. نشانی و شمارهٔ تلفن تازه این است:

تهران، کد پستی.....
خیابان...، کوچهٔ...، پلاک...(شماره)/
ساختمان...(نام)
شمارهٔ تلفن......
شمارهٔ فاکس......

خواهشمند است نشانی تازه را در دفتر خود یادداشت و نامه و آگهی و بسته‌های پستی به‌نام مرا از تاریخ یاد شده به نشانی جدید ارسال فرمایند.

～（氏名）儀、〇月△日より、～（旧住所）から～通りの新居に転居致しました／致しますので、お知らせ申し上げます。新住所と電話番号は以下の通りです：

郵便番号… テヘラン
～大通り ～通り …番地（番号）／
（アパート名）
電話番号…
ファクス番号…

新住所をお書き留めの上、私宛の手紙・案内・郵便小包を、上記の日

付より新住所にお送り下さるようお願い致します。[19]

[親しい間柄に送る住所変更通知]
〈126〉

دوست گرامی،
با سلام و آرزوی تندرستی و شادکامی تان، به آگاهی می رساند که از تاریخ... از ...به محل تازه اسباب کشیده‌ام/خواهم کشید. نشانی و شمارهٔ تلفن تازه چنین است : (نشانی کامل و شمارهٔ تلفن و فاکس) شوق دریافت نامهٔ شادی انگیزتان را در نشانی تازه دارم.
با درود فراوان،

お元気でお過ごしのことと存じます。さて、私こと、○月△日より～から新住所に引っ越し致しました／致します。新住所と電話番号は以下の通りです：（完全な住所と電話・ファクス番号）
楽しいお便りを新住所で受け取ることを心待ちにしております。

[転勤通知]
〈127〉

با سلام، به آگاهی می رساند که از تاریخ...محل کارم از...به... تغییر کرده است/خواهد کرد. نام و نشانی و شمارهٔ تلفن (و فاکس) محل تازه چنین است :

---

19 この通知は、友人・知人のほか、外国人管理局、運転免許発行事務所（免許証番号と発行年月日をつけて）、口座を開いている銀行（口座番号をつけて）、会員権を持っているクラブや会、子供が通学している学校（子供の氏名と学年をつけて）、購読中の新聞・雑誌社（購読番号をつけて）、その他、郵便の通信関係を持つ可能性のある場にも送る必要がある。

(نام و نام خانوادگی)

○月△日より、〜から〜へ転勤致しました／致しますのでお知らせ申し上げます。新事務所の名称、住所、および電話番号（ファクス番号）は、次の通りです：〜

(氏名)

[転職通知]

〈128〉

به این وسیله آگاه می دارد که از تاریخ...در شغل تازه با سمت... در... (نام مؤسسه) شروع به کار کرده ام/خواهم کرد. امید است که در سمت تازه همچنان از لطف و یاریتان بهره‌مند باشد. نشانی و شمارهٔ تلفن (و فاکس) محل کار تازه در زیر به اطلاع می رسد: ... ...
با احترام،
(نام و نام خانوادگی)

○月△日より、〜（勤務先名）において、〜として新しい仕事に就きました／就きますことを、お知らせ申し上げます。新天地でも、相変わりませず、ご指導ご鞭撻を賜りますようお願い申し上げます。職場の住所と電話（・ファクス）番号は、下記の通りです：〜

(氏名)

[会社移転通知]

〈129〉

شرکت...با امتنان از یاری و عنایتی که تا کنون در پیشرفت کار

— 168 —

این شرکت داشته‌اند به آگاهی می رساند که از تاریخ...محل (دفتر...) این شرکت از...به جای تازه که در زیر درج است منتقل شده است/ خواهد شد.

... ... (نشانی و شمارهٔ تلفن و فاکس محل تازه)

خواهشمند است نشانی و شماره‌های تلفن و فاکس این شرکت را در دفاتر خود یادداشت و نامه‌ها و تماسها را از تاریخ یاد شده به نشانی تازه ارسال و ارجاع فرمایند.

با احترام و امتنان،

... (نام)

مدیرشرکت...

平素は当社の発展に何かとご援助賜りまして、心よりお礼申し上げます。さて、〇月△日をもちまして、当社は下記の住所に移転致しました／致しますので、お知らせ申し上げます。

…… (住所、電話、ファクス番号)

当社の新住所・電話・ファクス番号をお書き改めの上、上記の日付より、新住所にお手紙やご連絡を賜りますよう、お願い申し上げます。

～会社　社長～

[結婚通知]

〈130〉

با تقدیم احترام و آرزوی تندرستی‌تان به آگاهی می رساند : در تاریخ...،...و ...پیوند زناشویی بستیم. عقد و عروسی در مراسم کوچکی با شرکت نزدیکان خانواده برگزار شد و پس از آن همسرم و من به سفری یک هفته‌ای به شمال ایران رفتیم. منزل تازه در... (نشانی) و شمارهٔ تلفن

— 169 —

ما...است. همسرم و من امیدواریم که بتوانیم در آیندهٔ نزدیک سعادت دیدار و پذیرایی از آندوست گرامی را در خانه کوچکمان داشته باشیم.
با درود فراوان،

　時下ますますご清祥のことと存じます。さて、〜と〜儀、〇月△日に結婚致しましたので、お知らせ申し上げます。結婚式の小宴は、ごく内輪で執り行い、その後、私どもはイラン北部へ1週間の旅行に参りました。新居は〜（住所）で、電話番号は…です。近い将来、小宅にてあなた様にお目にかかり、おもてなしする栄に浴することができますよう願っております。

[子供の誕生を知らせる]

〈131〉

بهزاد و فریده...(نام خانوادگی) با خوشوقتی تولد فرزند دوم خود را در تاریخ...به آگاهی خویشان و دوستان می رسانند. نوزاد دختر است و زیبا نام گرفته است.

در این فرصت امتنان خود را از همهٔ دوستان و سرورانی که در ماههای بارداری با رسیدگی ها و راهنمائیهای صمیمانه خود فریده را در به‌سلامت و آسوده‌تر گذراندن این دوره یاری داده‌اند تقدیم می دارد.

　ベヘザード、ファリーデ・〜（姓）は、〇月△日に第二子が誕生しましたことを、喜びをもって親族・友人の皆様にお知らせ申し上げます。子供は女児で、ズィーバーと命名致しました。
　この機会を利用し、ファリーデが妊娠期間を安んじて無事に過ごせましたのも、ひとえに皆様のご厚情とご指導のお陰であることを、心より感謝致します。

[病気全快の通知]

〈132〉

با تقدیم سلام،

اکنون که به لطف و یاری خداوند از بیماری بهبود یافته/از بیمارستان بیرون آمده و زندگی و کار عادی را از سر گرفته‌ام، مراتب سپاسگزاریم را برای توجه و احوالپرسی و احساسات صمیمانه که در مدت بیماریم ابراز فرموده‌اند تقدیم می دارم. مهربانی‌ها و دلداریهای آن وجود گرامی در تقویت روحیه و باز یافتن تندرستیم اثر بسیار داشته است.

با تجدید امتنان،

　私儀、神の御加護をもちまして病気全快に漕ぎ着け／退院を果たし、普段の生活に戻ることができました。療養中には何かとご配慮、ご厚情を賜り、誠に有り難うございました。あなた様のご親切とお励ましが、私の気力を奮い立たせ、健康回復に至ることができたのだと存じております。

[子供の欠席届]

〈133〉

مدیر محترم دبستان…،

با تقدیم احترام به آگاهی می رساند: چنانکه هفتهٔ پیش تلفنی عرض شد، فرزندم …دانش آموز سال دوم آن دبستان مدت یک هفته از تاریخ…تا تاریخ…به علت سرماخوردگی و زکام شدید نتوانست به مدرسه بیاید و در کلاس درس حاضر بشود. گواهی پزشک معالج در تأیید نوع و دورهٔ بیماری و لزوم در خانه ماندن او به پیوست تقدیم

— 171 —

می شود. همسرم و من مراقبت داشته‌ایم که...در مدت غیبت از مدرسه درسهایش را درخانه بخواند و تا حد ممکن از همکلاسی ها عقب نماند. مراقبت آموزگار محترم و دلسوز کلاس هم در این باره مایهٔ امتنان بسیارمان خواهد بود.

با تجدید تشکر و درود فراوان،

~小学校校長殿
　一筆申し上げます。先週電話でもご連絡申し上げましたが、貴校2年生の~は、〇月△日から〇月△日までの一週間、重い風邪のため、登校できませんでした。病名と必要療養期間が記載された診断書を同封致します。私ども夫婦は、~の欠席中も学習面で遅れがでないよう、できる限り注意致しましたが、担任の先生にもこの点ご配慮願えましたら、幸甚に存じます。

[借りた本の返却を知らせる]
〈134〉

آقای...بسیار عزیز،

با سلام و سپاس، کتاب امانتی را همراه این یادداشت باز می فرستم. از تأخیر عذر می خواهم. کتابی خواندنی و آموزنده بود. از شما و برای مهربانیتان ممنونم. چشم به راه دیدارتان هستم.

با مهر بسیار،

　拝借しておりました本をお返し致します。遅くなり、申し訳ありません。面白く、役に立つ本でした。ご親切に感謝致します。お目にかかれることを楽しみに致しております。

[本の到着を知らせる]

〈135〉

خدمت فاضل ارجمند، جناب آقای...سلمه‌الله

با تقدیم سلام و دعای توفیق و سلامت شما، امتنان خود را برای کتابی که از راه لطف برای این ناتوان فرستاده بودید، به استحضار می‌رساند. امید است که آن وجود محترم در انجام خدمات فرهنگی و تربیتی خود همواره موفق باشند.

با تجدید عرض سلام و دعا،

~様（神の御加護あれかし）

お元気でご活躍のこととお慶び申し上げます。この度はわざわざ小生にご本をお送り頂き、誠に有り難うございました。あなた様の文化、教育方面における益々のご活躍を願っております。

[献本の通知]

〈136〉

بسمه تعالی

تاریخ ۸/۸/۷۰ ۱۳

شماره ۴۸۱۸

پیوست

بنیاد موقوفات دکتر محمود افشار

تلفن ۲۷۷۱۱۴

آقای هاشم رجب زاده

احتراماً تعداد ۲ جلد کتاب از انتشارات این موقوفه به شرح زیر

به آن جناب اهداء و بطور دستی / با پست سفارشی تقدیم میشود.

خواهشمنداست رسید آن را مرقوم دارند

سرپرست عالی

ایرج افشار

نام کتابهای تقدیمی

یک جلد عین الوقایع و روابط بازرگانی روس و ایران

طهران ـ تجریش ـ خیابان ولی عصر ـ چهار راه زعفرانیه
خیابان شهید عارف نسب (بخشایش) ـ کوچهٔ لادن، شمارهٔ ۸
آدرس پستی : تجریش ـ صندوق پستی ۱۹۶۱۵/۴۹۱

ハーシェム・ラジャブザーデ殿

謹んで当寄進協会出版の下記の書籍２冊を、貴殿に書留便で寄贈致します。受領書を御返送いただければ幸いです。

会長　イーラジ・アフシャール

寄贈書名：事件の本質－ロシア・イラン通商関係－

[献本到着を知らせる]

〈137〉

شنبه ۵ بهمن ۱۳۷۰

۲۵ ژانویه ۱۹۹۲

بنیاد محترم موقوفات دکتر محمود افشار،

با عرض سلام و احترام، وصول نامهٔ شمارهٔ ۴۸۱۸ مورخ ۸/۸/ ۱۳۷۰ آن بنیاد محترم و همچنین ۲ جلد کتاب مرحمتی (**عین الوقایع، روابط بازرگانی روس و ایران**) را به استحضار می رساند.

برای لطف و توجهی که با اعطای کتابهای ارزنده ابراز داشته‌اند سپاسگزار است. توفیق آن بنیاد ارجمند را در ادامهٔ کارهای با ارزش فرهنگی آرزو دارد.

با تقدیم احترام،

هاشم رجب زاده

マフムード・アフシャール博士寄進協会御中

貴協会よりの1370年８月８日付4818号のお手紙と２冊の寄贈書（事件の本質－ロシア・イラン通商関係－）を落手致しました。

貴重な書籍を御寄贈下さり、ご高配に感謝しております。

重要な文化活動を展開される貴協会の、益々のご発展をお祈り申し上げます。

[論文到着を知らせる]

〈138〉

بسمه تعالی

جمهوری اسلامی ایران

فرهنگستان زبان و ادب فارسی

تاریخ ۲۰/۹/۱۳۷۳

شماره ....

پیوست ....

جناب آقای دکتر هاشم رجب‌زاده

با احترام، از نامه مورخ ۲۳ آبان ۱۳۷۳ جناب‌عالی که با پست تصویری ارسال فرمودید بسیار سپاسگزار هستم. منابع ارسالی درمورد پروفسور ایزوتسوهمین امروز رسید و فکر می‌کنم مقالهٔ کاملی ازکار دربیاید و مسلّماً یک نسخه آن را برای جناب‌عالی خواهم فرستاد. امیدوارم که فرصت دیدار در ایران یا در ژاپن مجدداً رخ دهد. چنانکه کتاب یا مقاله‌ای در ایران مورد لزوم است مرقوم فرمایید تا خدمتتان فرستاده شود.

با احترام

مهدی محقق

مدیر بخش مبادلات علمی و روابط بین‌المللی

فرهنگستان زبان و ادب فارسی

نشانی: خیابان احمد قصیر (بخارست) نبش خیابان سوم تلفن: ۶۵۶۵۷۸ - ۶۲۲۲۸۱ صندوق پستی ۶۳۹۴ - ۱۵۸۷۵

ハーシェム・ラジャブザーデ博士殿

　貴殿の1373年アーバーン月23日付のファクスを頂戴しました。井筒教授に関する資料も、本日受け取りました。完璧な論文になると思いますので、一部は必ずお手元にお送り致します。またイランか日本で再会が叶うことを願っております。イランで本や論文が必要でしたらお送りしますので、お知らせ下さい。

　　　　　　　　　　　　ペルシア言語文化院　国際科学交流部長
　　　　　　　　　　　　　　　　メヘディー・モハッカク

[留学に関する大学からの返事]

〈139〉

بعونه تعالی

Islamic Republic of Iran

International Islamic University of Iran

جمهوری اسلامی ایران

دانشگاه بین‌المللی اسلامی

Reference

Date

شماره ۳۴۸۶

تاریخ ۶۸/۱۱/۲

خانم . . .

با سلام،

درپاسخ به نامه مورخ ۱۹۹۰/۱/۱۱ شما مبنی بر درخواستِ تحصیل دررشته زبان فارسی درمدت تعطیلات تابستانی به آگاهی میرساند که درتابستان ۱۳۶۹ چنین فرصتی برایتان نیست .

خواهشمنداست درصورت تمایل ، فرصتهای بعدی خودرا جهتِ گُذراندن این دوره اعلام فرمائید.

محمد اسکوئی

مدیرامور دانشجوئی

آدرس: خیابان سلیمان‌خاطر (فرشته سابق) شماره ۱۲٤ــ کدپستی ۱۹۱٦۷ صندوق پستی ۱۹۳۹٥/۳٤۸۷

～殿

1990年１月11日付の貴殿のお手紙にご返事申し上げます。夏期休暇中にペルシア語科で勉強したいとのことでしたが、1369年の夏には、そのような可能性はありません。

ご希望があれば、またの機会にこの期間のコースにご応募下さい。

学生部長　モハンマド・エスクーイー

§ 8．催促・苦情・抗議の手紙

[保証金返還を求める]

〈140〉

آقای...،

با سلام و آرزوی تندرستی‌تان، می دانید که مدت یکماه است که خانه‌ای را که از شما اجاره کرده بودم تخلیه کرده و درست و سالم به نماینده‌تان تحویل داده‌ام. با اینحال ودیعه‌ای که برای تضمین مراقبت از خانهٔ اجاری پرداخته بودم تاکنون بازگردانده نشده است. چون فردا عازم سفر به خارج از کشور خواهم بود، خواهشمندم مبلغ ودیعه را به حساب بانکی‌ام به شمارهٔ...نزد بانک...شعبهٔ...واریز فرمایند. از توجهی که خواهند فرمود سپاسگزارم.

با درود فراوان،

～殿

貴殿よりお借りしていた家を引き払い、元通りの形で代理人の方に引き渡してから1ヶ月になります。ところが、借家の保証金が未だに返還されていません。私は明日、外国旅行に出発しますので、保証金を～銀行～支店、口座番号 … 番の私の口座にお振り込み下さい。どうかよろし

くお願い致します。

[保証金返還を再度求める]
〈141〉

آقای...،

با سلام و به دنبال نامهٔ مورخ...به آگاهی‌تان می رساند : هفتهٔ پیش از سفر بازگشتم و در مراجعه به بانک نگاهدارندهٔ حسابم با نهایت تعجب متوجه شدم که ودیعه‌ای که هنگام اجاره کردن خانه از جنابعالی برای تضمین مراقبت از خانه پرداخته بودم تاکنون که دو ماه از تخلیه رضایت آمیز خانه می گذرد هنوز بازگردانده نشده است. خواهش دارم که مبلغ ودیعه را هر چه زودتر باز پرداخت فرمایند.

با درود بسیار،

~殿
〇月△日付の手紙に続いて、お知らせ申し上げます。先週、旅行より帰国し、銀行に問い合わせてみましたところ、驚いたことに借家の保証金が、2ヶ月前に満足のいく形で引き渡しを終えているにも拘わらず、未だに返還されていません。どうか早急に保証金をご返却下さるようお願い申し上げます。

[手付け金の返却を求める]
〈142〉

شرکت محترم...،

چنانکه برگ رسید که کپی آن پیوست است نشان می دهد، در تاریخ...مبلغ...برای بیعانهٔ خرید یک دستگاه اتوموبیل...پرداخته بودم

— 180 —

که بعداً اعلام داشتند که در اجرای مقررات جدید بازرگانی خارجی ورود این اتوموبیل متوقف شده است. چون تا کنون بیعانه‌ام برگردانده نشده خواهشمند است هر چه زودتر در استرداد آن اقدام فرمایند.

با امتنان،

~社御中

同封の領収書のコピーにありますように、自動車（車種）1台の購入の手付け金として○月△日に金 … を支払いましたが、その後、通商規則の改正によって、この車の輸入が停止されました。ところが、この手付け金がまだ返却されていませんので、早急に手続きをお願い致します。

[雑誌未着の苦情]

〈143〉

سردبیر محترم مجلهٔ...

با احترام به آگاهی می رساند: اینجانب ... ساکن ... اشتراک یکساله‌ام را برای آن مجله وزین در تاریخ...و به‌موقع تجدید کرده‌ام، اما پس از دریافت شمارهٔ...مجلهٔ (...ماه سال...) که حدود ...ماه پیش با پست رسید، دیگر مجله به نشانیم نرسیده است. چون در این فاصله سه شمارهٔ تازهٔ مجله چاپ و منتشر شده، نرسیدن آن احتمالاً به مشکلی در کار توزیع یا پست مربوط است. خواهشمند است موضوع بررسی و مانعی که در کار پیش آمده است از میان برداشته شود، و نیز شماره‌های نرسیدهٔ مجله را به نشانیم بفرستند.

با تقدیم امتنان،

... ...

نشانی و شمارهٔ تلفن (و فاکس) :

〜誌編集長殿

　一筆申し上げます。私は〜に住む〜と申す者で、貴誌の1年の購読契約更新を、〇月△日に済ませました。ところが、…号（〇年△月発行）が約…カ月前に郵送されて以来、雑誌が届いていません。この間、3号が印刷、出版されていますから、未着の原因はたぶん分配作業か郵便にあると思われます。どうかこの件についてお調べの上、問題の解決をお願いします。また、未着分もお送り下さい。

(氏名)

住所と電話（およびファクス）番号：…

[雑誌記事に関する投書]

〈144〉

سردبیر گرامی مجلهٔ ...

با سلام، آرزوی توفیقتان را دارد.

اینجانب ... ساکن ... سالها است که خوانندهٔ وفادار و دوستدار آن مجلهٔ ارجمند بوده و مقاله‌های ارزنده و مطالب شیرین و آموزندهٔ آنرا هر ماه با لذت خوانده‌ام. یکی از بخش‌های سودمند مجله‌تان معرفی لهجه‌های کمتر شناخته شدهٔ ایران بود که از دو سال پیش پی در پی و در هر شماره درج می شد، اما چاپ این سلسلهٔ مقاله ها که برابر نظر نویسندگان آن تا چند سال می توانست دنباله داشته باشد، از دو شمارهٔ پیش ناگهان و بی اعلام علت خاصی متوقف شده است. چون مقاله‌های لهجه شناسی از گونهٔ مطالبی است که در دیگر مجله‌ها نمی توان یافت و جز اینکه برای خوانندهٔ عادی شیرین و خواندنی است برای اهل تحقیق هم به کار می آید، خواهشمند است به ادامهٔ انتشار آن توجه جدی و بایسته بفرمایند.

با احترام و امتنان،

～誌編集長殿

ご清祥のことと存じます。

私は、～に住む～という者で、長年貴誌を愛読し、毎月、立派な論文や面白く有意義な話題を楽しく拝読してきました。中でも有益だったのが、２年前から毎号連載されていた、イランのあまり知られていない方言の紹介でした。このシリーズは、著者の言によればまだ何年も続くとのことでしたが、２号前から突然、何の説明もなく掲載が中止されました。方言学の論文は、ほかの雑誌には見当たりませんし、一般読者にとって楽しい読み物であるだけでなく、研究者にも有用なものですから、どうかこのシリーズの継続について、真剣にご検討頂きたく存じます。

[入居者へのお願い]

〈145〉

اطلاع و درخواست

به‌اینوسیله ... ساکن آپارتمان شمارهٔ ... (و مدیر) ساختمان ... (نام ساختمان یا نشانی آن) به آگاهی همسایگان ارجمند، ساکنان این ساختمان می رساند: چنانکه توجه فرموده‌اند به‌تازگی با وزش بادهای شدیدبهاری و، در نتیجه، افتادن اشیائی از بالکن و لبهٔ پنجرهٔ ساختمانها به روی پیادگان یا روی ماشین‌های عبوری یا پارک شده در خیابان چند حادثه پیش آمده و چند نفر آسیب بدنی یا خسارت مالی دیده‌اند، که خوشبختانه این آسیب ها تا کنون ناچیز بوده است. چون باوزیدن گاه به گاه بادهای تند احتمال تکرار اینگونه حادثه‌ها می‌رود که ممکن است خدای ناکرده موجب آسیب بدنی وخیم به رهگذران بشود، خواهشمند است اشیاء و وسایلی که احتمال دارد با وزش باد تند تکان بخورد و به پایین پرتاب بشود در ایوان و لبهٔ پنجره‌های خانهٔ خود نگذارند و به‌خصوص گلدانهایی را که بر لبهٔ ایوانها و پنجره‌ها چیده شده

است بردارند تا حادثهٔ ناگواری پیش نیاید. برای توجهی که به این درخواست خواهند فرمود سپاسگزار است.

お知らせとお願い

　私は～（建物の名称か住所）の（責任者で）…号室に住む～と申す者ですが、当建物の入居者の皆様にお知らせ申し上げます。ご存じの通り、最近、春の強風と、それに伴うバルコニーや窓枠に置かれた品物の落下によって、歩行者が怪我をしたり、通行中や駐車中の車に被害が出たりする事故がありました。幸いにも、現在までの被害は軽微なものですが、今後も時として吹く強風によって、この種の事故が繰り返され、重大な人身事故につながる恐れがあります。そこで、強風によって揺り落とされる可能性のある物品を、ご自宅のベランダや窓枠に置かれることのないように、とくに植木鉢をベランダや窓の縁から移動させて、不測の事態が起こらぬようお願いします。この申し出に御対処下されば幸いです。

〈146〉

همسایهٔ ارجمند

شماری از همسایگان گرامی به‌تازگی از بلند بودن بیش از اندازهٔ صدای رادیو و تلویزیون یا دستگاههای پخش صوت عده‌ای از همسایگان عزیز بخصوص در ساعتهای آخر شب که مانع خواب و استراحت آنها می شود، اظهار ناراحتی کرده‌اند. چون این موضوع با آسایش یکایک همسایگان ارجمند بستگی دارد و یقیناً کسانی که صدای وسایل صوتی آنها مایهٔ ناراحتی همسایگان شده است متوجه انعکاس مزاحم صوت نبوده‌اند، به این وسیله توجهتان را به این مسأله معطوف می دارد. مطمئناً با علاقه‌ای که به آسایش همسایگان و حفظ حسن همجواری دارید دقت بایسته در این باره خواهید فرمود.

با امتنان،

... ...

(مدیر ساختمان و) ساکن آپارتمان شماره ...

ご近所の皆様へ

　近頃、数名の住人から、ご近所のラジオ、テレビ、またオーディオ製品の騒音、とくに安眠の妨げとなる夜中の時間帯について、苦情がありました。この問題は私ども一人一人に関係があり、また、当事者には騒音で迷惑をかけているという自覚があったとは考えられませんので、この様な手段で問題提起させて頂きます。住人の安寧と友好を保つため、どうかこの件についてご注意のほどお願い申し上げます。

感謝をこめて

… 号室住人（当ビル責任者）

（氏名）

[市役所への苦情]

〈147〉

شهرداری محترم ...،

اینجانب ... ساکن خیابان ... کوچهٔ ... (نشانی کامل) به آگاهی می‌رساند : میان خانه‌های شمارهٔ ... و ... این کوچه زمین بایری است که دیوار سراسری آنرا از کوچه جدا می کرد، اما به‌تازگی بخشی از این دیوار به علتی ویران شده است و گهگاه کامیونهای حاملهٔ نخالهٔ ساختمانی بار خود را در این زمین خالی می کنند و کسانی هم آنجا خاکروبه می ریزند. چون این وضع آسایش و بهداشت ساکنان این حدود را تهدید می کند خواهشمند است دستور فرمایند از این کار جلوگیری

و بخش فرو ریخته دیوار نیز ساخته شود.

با احترام و امتنان،

～市市役所御中

私は～大通り～（住所）に住む～と申しますが、お知らせ申し上げます。○番地と△番地との間に空き地があり、周囲は壁で区切られています。ところが、最近この壁の一部が何らかの理由で壊れたところへ、時折、建築廃材を積んだトラックが積み荷をこの空き地に捨てたり、ゴミを捨てに来る人があったりします。現況では、付近住民の安寧と健康が脅かされる危険がありますので、不法投棄を予防し、崩れた壁も修理頂くようご指導をお願い申し上げます。

［電話局への苦情］

〈148〉

شرکت محترم تلفن ناحیهٔ...

با توقیر به آگامی می رساند: صورتحساب ماه ...سال ...تلفن شمارهٔ... به‌نام اینجانب که در خانهٔ مسکونی‌ام واقع در...(نشانی کامل) نصب است هزینهٔ مکالمهٔ تلفنی این ماه را مبلغ...ریال نشان می دهد که بطور غیرعادی زیاد و حدود پنج برابر متوسط رقم بهای مکالمه در ماههای پیش است. چون خود و خانواده‌ام در اینمدت به‌طور معمول و کم و بیش برابر ماههای گذشته از تلفن استفاده کرده‌ایم، در احتساب هزینهٔ مکالمهٔ تلفنی این ماه احتمالاً اشتباهی رخ داده است. خواهشمند است دستور فرمایند موضوع بررسی و منشأ این اشتباه یافته و صورتحساب اصلاح شود. برای توجه و رسیدگی سریع که به این درخواست می فرمایند سپاسگزار خواهم بود.

با احترام،

~地区電話局御中
～（住所）の住居に設置されている、私名義の … 番の電話の○年△月の請求書は、今月の電話料金を … リアルとしていますが、これは過去数カ月の電話料金の平均の約５倍で、異常に高額です。私も家族もこの期間、以前と変わらず、普段通りにしか電話を利用していませんので、今月の電話料金計算に誤りがあった可能性が大きいと考えられます。そこで、この誤りの原因をご調査願い、請求書をご訂正頂きたく存じます。この請求に素早くご対処願えれば幸いです。

[水道局への苦情]

〈149〉

شرکت محترم آب منطقهٔ...،

با احترام به آگاهی می رساند: با بارانهای تند چند روزهٔ گذشته و شسته شدن زمین، بخشی از لولهٔ شبکه آب شهر در مقابل خانهٔ مسکونی اینجانب...واقع در...(نشانی کامل) از زیر خاک پیدا شده و در گودال پوشیده از آب باران است. چون این خیابان محل عبور وسایل نقلیه است، ممکن است که با افتادن اتوموبیل در این گودال، لولهٔ آب شکسته شود و به شبکه آب این ناحیه و همچنین خانه‌های اطراف آسیب برسد. خواهشمند است دستور فرمایند هر چه زودتر برای پوشاندن لوله در این نقطه اقدام شود.

با امتنان،

~地区水道局御中
お知らせ申し上げます。数日来の豪雨とそれに伴う土の流出によって、～（住所）の私～の自宅前の市の水道管の一部が地表に露出し、水溜まりのできた穴に浸かっております。当該大通りは輸送機関の通過場所のため、自動車がこの穴に落ちて、水道管が損壊し、当地区の水道網と周

辺の家屋に被害を及ぼす危険があります。そこで、一刻も早く当該地点の水道管を覆う工事を行って下さいますようお願い申し上げます。

§9. ペンフレンドとの文通

イラン人のペンフレンドを見つける方法としては、知人を通したり、日本国内の国際文通を斡旋する団体を経由する以外に、イランの有力な新聞や雑誌に紹介を依頼するか、またはイラン大使館に問い合わせてみるとよい。

[ペンフレンド紹介を依頼する]
〈150〉

سردبیر محترم روزنامهٔ/مجلهٔ.../سفارت محترم ایران — توکیو
سلام عرض می کنم و از زحمتی که می دهم پوزش می خواهم.
من یک دختر ژاپنی هستم که ۱۸ سال دارم و دانشجوی سال اول رشتهٔ...در دانشگاه...در شهر...ژاپن هستم. دوست دارم که دوست مکاتبه‌ای دختر یا پسر ایرانی داشته باشم تا بتوانیم دربارهٔ چیزهای مورد علاقه‌مان به هم نامه بنویسیم. اگر ذوق و سرگرمی و شاید رشته تحصیلی ما به هم نزدیک باشد بهتر است. من خواندن کتاب داستان و تاریخ دوست دارم و می خواهم در بارهٔ راه ابریشم بیشتر بدانم، به شنیدن و نواختن موسیقی کلاسیک علاقه دارم و یک سرگرمیم هم جمع کردن تمبرهای جهان است. در دانشگاه درباشگاه **کندو** هستم و گاهی هم تنیس بازی می کنم.
اگر کمک بفرمایید تا بتوانم دوست مکاتبه‌ای از جوانهای همسال

و هم ذوق خودم در ایران پیدا کنم، بسیار سپاسگزار خواهم شد. خواهش می کنم چنین فرد یا افرادی را معرفی بفرمایید، یا که نشانی مرا در دسترسشان بگذارید تا بتوانیم به هم نامه بنویسیم.

با تقدیم احترام،

~紙／誌編集長殿／在東京イラン大使館御中
　お願い申し上げたい件がございます。
　私は18歳の日本人女学生で、日本の~市にある~大学~学部の一年生ですが、イランの若い女性か男性とペンフレンドになって、お互いに興味のあることを語り合いたく存じます。もし興味や趣味、また、専攻分野もお互いに近ければより良いと思っています。私は小説や歴史の本を読むのが好きで、シルクロードについてもっと知りたいと思っています。クラシック音楽や世界の切手収集も趣味のひとつです。大学では剣道部に所属し、時々テニスもします。
　もし年齢と趣味が一致するイラン人のペンフレンドを見つける手助けをしていただければ、本当に有り難く存じます。該当する方を一人、または複数、ご紹介下さるか、相手の方に私の住所をお知らせ頂いて、文通を始められるようにして下さるようお願い申し上げます。

[ペンフレンドへの初めての手紙]

〈151〉

آقای/خانم...گرامی،

با سلام، تندرستی و شادکامیتان را خواهانم.

سفارت ایران در توکیو/انجمن دوست یابی از راه مکاتبهٔ ژاپن در پاسخ درخواستم برای یافتن دوست مکاتبه‌ای در ایران، نام و نشانی شمارا در اختیارم گذاشته است. من دانشجوی دختر ژاپنی هستم. در سال دوم رشتهٔ ...دانشگاه **کانسای** در اوساکا درس می خوانم. از همان

— 189 —

سالهای دبستان که تاریخ می خواندم، به **راه ابریشم** و فرهنگ ایران و آسیای میانه علاقه‌مند شدم و همیشه می خواستم که این سرزمین‌ها و مردم آنرا بهتر و بیشتر بشناسم. اکنون خوشوقتم که می‌توانم با شما که از مردم آن‌کشور زیبا و دوست داشتنی هستید مکاتبه بکنم. چون ما تقریباً همسال و هردو دانشجو هستیم و کشورهایمان دارای فرهنگ و تمدن و تاریخ غنی و قدیم هستند، یقین دارم که چیزهای بسیار برای گفتن و نوشتن به یکدیگر داریم. امیدوارم که شما هم این احساس را داشته باشید. من در تاریخ ایران به دورهٔ ساسانی و تمدن و فرهنگ آن بیشتر علاقه دارم. می خواهم دربارهٔ راه ابریشم و شهرهای مسیر آن در ایران بیشتر بدانم. سرگرمیم کتاب خواندن است، و بیشتر داستانهای تاریخی می خوانم. از داستانهای کوتاه هم خوشم می آید. شنیدن و نواختن موسیقی هم دوست دارم. در نامه‌های دیگر، در بارهٔ خودم بیشتر برایتان خواهم نوشت.

خوشحال می شوم که از شما نامه دریافت کنم، و امیدوارم که ذوق ما به هم نزدیک باشد و از چیزهایی که هر دومان دوست داریم برای هم بنویسیم.

با درود فراوان،

こんにちは。お元気ですか。

東京のイラン大使館／日本ペンフレンド協会は、イラン人のペンフレンドを見つけたいという私の希望に応じて、あなたのお名前と住所を私に教えてくれました。私は日本の女学生で、大阪にある関西大学～学部の２年生です。小学校で歴史の勉強をした時から、シルクロードとかイランや中央アジアの文化に興味を持っており、いつもこの地域の国々や人々のことをもっとよく知りたいと思ってきました。ですから、あの美しくて素晴らしい国のあなたと文通できるようになって、とてもうれし

いのです。私たちは歳も近いし、二人とも大学生だし、住んでいる国が豊かで古い文化と文明と歴史をもっていることも共通していますから、お互いに書くことが山ほどあると信じています。あなたも同感だといいのですが。私はササン朝時代のイランの歴史、文明、文化に興味を持っています。また、シルクロードと、イランのシルクロード上の町のことをもっと知りたく思っています。趣味は読書で、主に歴史小説を読んでいます。短編小説も好きです。音楽鑑賞と演奏も好きです。これからの手紙で、私のことをもっとお知らせするつもりです。

　あなたの方からもお手紙を頂けたらうれしいです。私たちの趣味が似通っていて、二人が好きなことについて書き合えたらいいだろうなあと思っています。

[ペンフレンドへの返事]

〈152〉

دوست عزیزم،

سلام! امیدوارم که حالتان خوب است. نامهٔ پرمهرتان که روز... نوشته بودید رسید. با شوق بسیار در انتظار آن بودم، و خوشحال شدم. متشکرم که چنین زود پاسخ نامه‌ام را دادید. خوشبختانه رشتهٔ درسی و ذوق و سرگرمی ما به هم نزدیک است، و این نزدیکی مکاتبه و دوستی با شما را برایم شوق انگیزتر می کند. ممنونم که عکستان را در حال نواختن سنتور برایم فرستادید. خیلی زیباست و برایم یادگار عزیز است. من هم در دورهٔ دبستان **کوتو**، ساز ژاپنی، یاد می گرفتم و هنوز هم گاهی در مراسم کوتو می نوازم. کوتو ساز زهی است و تا اندازه‌ای مانند سنتور است، اما با انگشتانه نواخته می شود. در دانشگاه در باشگاه ورزشی **کندو** هستم، که گونه‌ای ورزش ژاپنی است و به شمشیربازی شبیه است؛ اما در این ورزش به‌جای شمشیر، خیزران به کار

— 191 —

می‌رود. عکسی از خودم و دوستم در حال ورزش کندو برایتان می‌فرستم، تا بیشتر آشنا بشوید. چهره‌ها در زیر نقاب ایمنی دیده نمی‌شود. آنکه در طرف راست است من هستم. در چند هفتهٔ گذشته هر وقت که فرصت داشته‌ام دربارهٔ ایران بیشتر مطالعه کرده‌ام. در کتابهایی که خواندم نوشته است که بازارهای ایران زیبا است. گلیم‌های ایران هم بسیار خوش نقش و خوش رنگ است. مردم ژاپن قالی ایران را کمی می‌شناسند، اما دربارهٔ گلیم چندان نمی‌دانند. امتحانهای دانشگاه نزدیک است و باید درس بخوانم. هفته‌ای سه بار، شبها، هم به یک دانش‌آموز دبیرستان در همسایگی‌مان انگلیسی درس می‌دهم. پس این روزها خیلی مشغول هستم. اما تعطیل تابستان که شروع بشود کوشش خواهم کرد تا چند کتاب جالب دربارهٔ ایران پیدا کنم و بخوانم. شما هم اگر وقت آزاد پیدا کردید، دربارهٔ کشورتان بیشتر برایم بنویسید. سپاسگزار خواهم شد.

همیشه تندرست و خوشحال باشید.

دوستتان،

こんにちは！お元気ですか。〇月△日付けの心のこもったお便りを受け取りました。お返事を心待ちにしていたので、うれしかったです。こんなに早くお返事を頂いてありがとうございました。幸い、私たちの専攻や興味や趣味が似ているので、あなたと文通してお友達になれるのがうれしくてたまりません。サントゥールを演奏中の写真を送って下さってありがとう。素敵な写真、いい記念になります。私も小学校の頃、伝統楽器の琴を習っていて、今でも儀式の時、琴を弾いたりします。琴は弦楽器で、サントゥールにある程度似ていますが、爪で弾かれるものです。大学では剣道部に入っています。剣道というのは日本の武芸のひとつで、フェンシングに似ていますが、剣ではなく竹刀を使います。どん

なものかわかってもらえるように、私と友人が剣道をしている写真をお送りします。顔は面の向こうで見えませんが、右側にいるのが私です。数週間前から、機会を見つけてイランのことを調べてきました。本によると、イランの市場は美しいそうですね。イランのキリム織りも、デザインといい色といい、とてもきれいなものですね。日本人は、ペルシア絨毯のことは少しは知っていても、キリム織りのことはあまり知りません。大学の試験期間が近づいて、頑張って勉強しなければなりません。週3回、夜に、近所の高校生の英語の家庭教師をしています。ですから、これからとても忙しくなりますが、夏休みが始まれば、イランに関する面白そうな本を何冊か見つけて読んでみようと思っています。あなたも、もし時間があれば、お国のことをもっと私に教えて下さればうれしいです。

　お元気で楽しくお過ごし下さい。

§ 10. 書式・諸届

1. 履歴書

[履歴書の形式]

　履歴書には、定まった書き方はないので、必要と思われる事項をタイプするなり、手書きで書式に書き加えるなりするとよい。ここでは、略歴書と、かなり詳しい履歴書を一つづつ挙げておく。

〈153〉

برگ خلاصهٔ وضعیت

نام **نسیم** نام خانوادگی **صبا**

تاریخ و محل تولد **۱ فروردین ۱۳۴۲ گلستانه**

وضع تاهل **مُجَرَّد**

وضع تحصیلی:

دبستان **سُوسن شهر تون** ازتاریخ **۱۳۴۸** تا تاریخ **۱۳۵۳**

دبیرستان / بنفشه شهر **طَبَس** " **۱۳۵۳** " **۱۳۵۷**

راهنمایی

دبیرستان **بهار** شهر **ماهان** " **۱۳۵۷** " **۱۳۶۰**

دانشگاه **کرمان** دورهٔ **هنر** رشتهٔ **طرّاحی** از **۱۳۶۰** تا **۱۳۶۴**

" **اصفهان** " **علوم انسانی** " **تاریخ** " **۱۳۶۴** " **۱۳۶۶**

" **ونیزایتالیا** " **هنر** " **مَرمَّت آثارتاریخی**

" **۱۳۶۶** " **۱۳۷۵**

آخرین درجهٔ **تحصیلی دکتری** از **دانشگاه ونیز** تاریخ گرفتن آن

(حفظ آثار تاریخی) **خرداد ۱۳۷۵**

مشاغل :

شغل/سمت **کارشناس در سازمان مِیراث فرهنگی**

از **۱۳۷۲** تا **۱۳۷۴**

" **مدیر موزه سفالینه سازمان میراث فرهنگی**

" **۱۳۷۵** " —

略歴書

姓：サバー　　名：ナスィーム

生年月日と出生地：1342年ファルヴァルディーン月1日、ゴレスターネ

家族状況：未婚

学歴：1348年－1353年　トゥーン市スーサン小学校
　　　1353年－1357年　タバス市バナフシェ中学校
　　　1357年－1360年　マーハーン市バハール高等学校
　　　1360年－1364年　ケルマーン大学芸術学部デザイン科
　　　1364年－1366年　エスファハーン大学文学部歴史学科
　　　1366年－1370年　イタリア　ヴェニス大学芸術学部遺物修復学科

最終学歴：1370年ホルダード月　ヴェニス大学遺物修復学　博士号

職歴：1372年－1374年　イラン文化遺産局　専門員
　　　1375年－　　　　同局陶器博物館　館長　現在に至る

شرح حال

نام ***فَرِه*** نام خانوادگی ***ایزدی*** نام پدر ***مَزدا***

جنس : مرد / زن

تاریخ و محل تولد ***فروردین ۱۳۲۰ شیراز*** تابعیت ***ایرانی***

شمارهء شناسنامه ***۷۲***

تاریخ صدور ***۱۳۲۰/۷/۱۵*** محل صدور ***شیراز***

شمارهٔ گذرنامه ***۱۲۱۶۳۲***

تاریخ صدور ***۱۳۷۴/۷/۱۶*** محل صدور ***شیراز***

مدت اعتبار از ***۷۴/۷/۱۶*** تا ***۷۷/۷/۱۶***

نشانی منزل : ***شیراز، خیابان ارم، کوی دلگشا، شماره ۱۲***

شمارهٔ تلفن : ***۵۲۵۶۳۰***

نشانی محل کار : ***دانشگاه شیراز، دانشکده ادبیّات، جنب حافظیّه***

شمارهٔ تلفن : ***۵۲۴۰۶۰***

وضع تاهل : مجرد متاهل جدا شده از همسر همسر از دست داده

نام کامل همسر پیش‌از ازدواج ***ناهید هُورزاد***

محل و تاریخ تولد ***میمند، ۱۲ اردیبهشت ۱۳۲۴***

فرزندان : (به‌ترتیب سن)

نام ***آرش*** محل و تاریخ تولد ***میمند، ۲۴ خرداد ۱۳۵۰***

نام **آناهیتا** محل و تاریخ تولد **شیراز، ۱۲ اسفند ۱۳۵۱**

سابقهٔ تحصیلی :

نام دبستان **سعدی** شهر **شیراز** از سال **۱۳۲۶** تا سال **۱۳۳۲**

نام دبیرستان/ **بیهقی** " **میمند** " **۱۳۳۲** " **۱۳۳۵**

~~دوره راهنمائی~~

نام دبیرستان **فرخی** " **شیراز** " **۱۳۳۵** " **۱۳۳۸** " **تهران**

دانشگاه **شیراز** دانشکده **ادبیات**

رشته **تاریخ**

از سال **۱۳۳۸** تا سال **۱۳۴۱**

" **شیراز** " **علوم اجتماعی**

" **۱۳۴۱** تا سال **۱۳۴۳**

" **تهران** " **ادبیات وعلوم انسانی**

" **۱۳۴۳** تا سال **۱۳۴۶**

آخرین درجهٔ تحصیلی و تاریخ دریافت آن :

دکترای ادبیات فارسی، دانشکده ادبیات، دانشگاه تهران

دوره های تکمیلی و تخصصی :

نام دوره **جامعه شناسی** محل گذرراندن آن **دانشگاه سُوربن**

از تاریخ **مهر ۱۳۴۷** تا تاریخ **خرداد ۱۳۴۸**

نام دوره **مدیریت فرهنگی** محل گذرراندن آن **یُونسکو، پاریس**

از تاریخ **اسفند ۱۳۵۰** تا تاریخ **اردیبهشت ۱۳۵۱**

زبانهائی که می‌دانید :

زبان مادری : ***فارسی*** زبانهای دیگر : ***فرانسه (نسبةً کامل)،***

انگلیسی (متوسط)، عربی (درحدِّ خواندن متون)

سابقهٔ شغلی (به‌ترتیت تاریخ) :

شغل : ***کارشناس***؛ محل خدمت : ***سازمان برنامه، تهران***

از تاریخ **۱۳۴۳** تا تاریخ **۱۳۴۷**

شغل: ***مُحقق***؛ محل خدمت : ***مؤسسه تحقیقات اجتماعی، تهران***

از تاریخ **۱۳۴۷** تا تاریخ **۱۳۵۱**

شغل: ***استادیار / دانشیار***؛ محل : ***دانشگاه شیراز، شیراز***

از تاریخ **۱۳۵۱** تا تاریخ —

عضویت در تشکیلات و انجمن ها :

نام انجمن ***دانش آموختگان علوم انسانی***

سمت یا مسؤولیت ***منشی/خزانه‌دار/عضوهیأت مدیره***

از تاریخ **۱۳۴۷** تا تاریخ —

علوم انسانی مسؤولیت ***خزانه دار/عضوهیأت مدیره***

履歴書

姓：イーザディー　　名：ファッレ

性別：男

生年月日と出生地：1320年ファルヴァルディーン月１日　シーラーズ

国籍：イラン人

身分証明書　番号：72

発行年月日：1320年ファルヴァルディーン月15日

発行地：シーラーズ

パスポート　番号：121632

発行年月日：1374年メフル月16日

発行地：シーラーズ

有効期限：1377年メフル月16日まで

現住所：シーラーズ市エラム大通りデルゴシャー通り 12

電話：525630

勤務先住所：ハーフェズ廟横　シーラーズ大学文学部

電話：524060

家族状況：既婚

妻の旧名：ナーヒード・フールザード

妻の生年月日と出生地：

1324年オルディーベヘシュト月12日　ミーマンド

子の名前と生年月日及び出生地：

アーラシュ　1350年ホルダード月４日　ミーマンド

アーナーヒーター　1351年エスファンド月12日　シーラーズ

学歴：1326年－1332年　　　シーラーズ市サアディー小学校
　　　1332年－1335年　　　ミーマンド市バイハキー中学校
　　　1335年－1338年　　　シーラーズ市ファッロヒー高等学校
　　　1338年－1341年　　　シーラーズ大学文学部歴史学科
　　　1341年－1343年　　　同大学同学部社会学科
　　　1343年－1346年　　　テヘラン大学文学・人文科学部

最終学歴：テヘラン大学文学部　ペルシア文学博士号取得

その他の研究歴：

　　　1968年10月－1969年6月　　　ソルボンヌ大学社会学部
　　　1972年3月－1972年5月　　　パリ　ユネスコ　文化局長

使用可能な言語：ペルシア語（母語）
　　　　　　　　フランス語（ほぼ完全）
　　　　　　　　英語（中級）　アラビア語（読める程度）

職歴：1343年－1347年　　　テヘラン　企画庁　専門員
　　　1347年－1351年　　　テヘラン　社会研究所　研究員
　　　1351年－　　　　　　シーラーズ大学　講師／助教授　現在に
　　　　　　　　　　　　　至る

社会的活動：

　　　1347年－　　　　　　テヘラン大学文学・人文科学部同窓会
　　　　　　　　　　　　　書記／会計／監事　現在に至る

2. 売上伝票

انتشارات یساولی　　　　　فاکتور فروش

نشاني : ميدان انقلاب بازارچه كتاب
طبقه زيرين انتشارات يساولی
تلفن ۶۴۱۱۹۱۳-۶۴۶۱۰۰۳

تاریخ : ۷۸/۱۲/۲۴
شماره : ۱ /۷۲۶۶۰

کد	عنوان	تعداد	فی	مبلغ خالص
۵۷۷۰--	کارت پستال 77 (یساولی)	۹	۱۵۰۰	۱۳۵۰۰
۵۷۵۵-۱	کارتپستال یامقلب‌القلوب(یساولی)	۱۵	۱۰۰۰	۱۵۰۰۰
۵۷۶۸-۱	کارت پستال پستی بزرگ	۸	۱۰۰۰	۸۰۰۰
۵۹۱۵-۱	کارت پستال ۲ لتی ۱۵۰۰ ریالی	۱	۱۵۰۰	۱۵۰۰
۵۷۶۹-۱	کارت پستال پستی کوچک	۲۲	۵۰۰	۱۱۰۰۰
جمع کل قابل پرداخت :		۵۵		۴۹۰۰۰
هلونه‌هزار ریال		تعداد		قابل‌پرداخت

دره	انباردار	بسته‌بند	تحویل دهنده	خریدار

جمهوری اسلامی ایران
وزارت صنایع
سازمان صنایع دستی ایران
Iran Handicrafts Organization

برگ فروش / Sales Slip

شماره: ۱۴۶۳۶
سری ب
شماره اقتصادی: ۱۱۵-۴۱۱-۰۸۱
تاریخ: ۷۳/۰۶/۰۶
فروشگاه: نجمائ الهی

جمع Sub. Total	بهای واحد Unit Price	تعداد Qty.	شماره کد Code no.	شرح Description
۶۰۰۰	۶۰۰۰	۱	۲۲۴۴۶۰۰۲	قاشق یزد
۷۰۰۰	۷۰۰۰	۱	۲۲۰۴۲۰۱۲	قلمدان ابری مشکی مات

جمع کل / Total: ۱۳٬۰۰۰

امضای فروشنده

بعد از فروش پس گرفته نمیشود

حمایت از صنایع دستی
گامی در جهت استقلال اقتصادی و حفظ ارزشهای اصیل است

3. 請求書

⟨155⟩

تاریخ : ....
شماره : ....

صورتحساب هزینهٔ عمومی هشت واحد مسکونی
ساختمان پلاک ۸ در کوچهٔ گلستان خیابان سعدی

۱ ـ هزینهٔ برق مشترک	۱۶۲,۷۰۰	ریال
۲ ـ هزینهٔ گاز مشترک	۱۱۶,۲۰۰	ریال
۳ ـ هزینهٔ آب مشترک	۷۴,۶۰۰	ریال
۴ ـ حقوق سرایدار	۴۵۰,۰۰۰	ریال
۵ ـ حق اشتراک سرویس و نگهداری دستگاه تهویهٔ مرکزی	۱۵۰,۰۰۰	ریال
۶ ـ سرویس و رنگ کاری آسانسور	۳۰۰,۰۰۰	ریال
۷ ـ تعمیر جزئی سیم کشی برق پارکینگ زیرساختمان	۸۰,۰۰۰	ریال
۸ ـ تعویض قفل در ورودی ساختمان و دستمزد آن	۹۲,۵۰۰	ریال
جمع هزینه ها	۱,۴۲۶,۰۰۰	ریال

سهم آقای کیوان کامران مالک و ساکن آپارتمان شرقی طبقهٔ سوم
به نسبت ۱/۸ هزینه (تقسیم کل هزینه میان هشت دستگاه آپارتمان)
مبلغ ۱۷۸,۲۵۰ ریال است.
خواهشمند است تا یک هفته از تاریخ این صورتحساب سهم خود

را پرداخت فرمایند.

مدیر ساختمان،
آرش کمانگیر

サアディー大通りゴレスターン通り８番地
マンション（８戸）共同支出の請求書

1．電気料金	162, 700 リアル
2．ガス料金	116, 200 リアル
3．水道料金	74, 600 リアル
4．管理人給与	450, 000 リアル
5．セントラルヒーティング維持管理費	150, 000 リアル
6．エレベーター塗り替えおよび管理費	300, 000 リアル
7．地下駐車場電気配線修理費	80, 000 リアル
8．入口の鍵交換費	92, 500 リアル
計	1, 426, 000 リアル

東棟３階のケイヴァーン・カームラーン氏の負担額は、全戸数の頭割り（1/8）で、178, 250リアルです。当請求書の日付より１週間以内に、お支払い頂くようお願い致します。

管理人　アーラシュ・キャマーンギール

⟨156⟩

هتل مهتاب

تاریخ :
شماره :

هزینه برگزاری سخنرانی ماهانهٔ انجمن نویسندگان در تالار بزرگ هتل مهتاب در بعد از ظهر چهارشنبه ۱۱ مهر ماه ۱۳۵۷ به شرح زیر است :

۱ ـ اجارهٔ تالار ۳۰۰ نفری برای نیم روز   ۲۵۰٬۰۰۰ ریال
۲ ـ هزینهٔ نور صحنه و استفاده از وسایل پخش صدا
                                             ۲۰٬۰۰۰ ریال
۳ ـ هزینهٔ گل و آرایش صحنه   ۱۲۰٬۰۰۰ ریال
۴ ـ اجرت خدمات ۳ نفر راهنمای مهمانان   ۶۰٬۰۰۰ ریال
جمع هزینه   ۴۵۰٬۰۰۰ ریال

لطفاً مبلغ صورتحساب را به صندوق هتل یا به حساب بانکی آن (به شمارهٔ...نزد بانک تجارت شعبهٔ خیابان رامسر) پرداخت فرمایند.

با امتنان،
مدیر حسابداری،
... ...

マハターブ・ホテル
講演会費用請求書

1375年メヘル月11日（水）午後に、マハターブ・ホテル大広間にて開催されました、作家協会月例講演会の費用は、以下の通りです：
1. 300人収容大広間使用料（半日間）　　　　　250,000リアル
2. 照明・音響費用　　　　　　　　　　　　　　20,000リアル

3. 盛花・舞台装飾費用	120,000 リアル
4. 案内係（3名）費用	60,000 リアル
計	450,000 リアル

上記金額を、当ホテル出納部もしくは指定口座（テジャーラト銀行ラームサル通り支店、口座番号…）にお支払い頂きますようお願い申し上げます。

経理係長　　（氏名）

4. 送金通知

〈157〉

آقای/خانم…،
شرکت…،
مبلغ…/یک چک به مبلغ…ریال بابت اجاره بهای یکماههٔ…
(تاریخ) خانهٔ مسکون واقع در…با این نامه تقدیم/ارسال می شود.
خواهشمند است رسید آنرا اعلام فرمایند.
به تاریخ… …ماه سال…

… …(نام و امضاء)

〜会社　〜様
　〜（場所）の住居の△月の家賃として、… リアル（の小切手）を同封致します。受領されましたらご一報下さい。

○年△月×日
（氏名と署名）

⟨158⟩

آقای...،
شرکت...،
مبلغ.../یک برگ چک بانکی به مبلغ...ریال بابت قسط دوم بهای فرش خریداری شده از شما/آن شرکت که موعد آن...است پرداخت/ارسال می شود. لطفاً وصول آنرا اعلام دارند.
به تاریخ...

... ... (نام و امضاء)

~会社　~殿
　貴殿／貴社より購入致しました絨毯の代金の第2回分割払い分（支払期限〇月△日）として、…リアル（の小切手）をお支払い／お送り致します。受領されましたらお知らせ下さい。
〇年△月×日
（氏名と署名）

5. 領収書

⟨159⟩

رسید

مبلغ...ریال نقد/طی چک بانکی شمارهٔ...عهدهٔ بانک...بابت اجارهٔ بهای یکماههٔ اسفند ۱۳۷۴ خانه مسکونی از آقای...دریافت شد. به تاریخ اول اسفند ماه ۱۳۷۴.

... ... (نام و امضاء)

— 208 —

領収書

1374年エスファンド月の家賃として、一金… リアルの現金／～銀行宛ての … 番の小切手を～殿より受領致しました。

1374年エスファンド月１日

(氏名と署名)

〈160〉

رسید

مبلغ...ریال وجه نقد/طی چک بانکی شمارهٔ...عهدهٔ بانک...بابت سفارش خرید یک دستگاه اتوموبیل...که کل بهای توافق شدهٔ آن...ریال است از خانم/آقای...دریافت شد.

به تاریخ بیستم اسفند ماه یکهزار و سیصد و هفتاد و چهار خورشیدی.

... ... (نام و امضاء)

総額 … リアルの～（車種）１台の予約料として、一金 … リアルの現金／～銀行宛ての … 番の小切手を～殿より受領致しました。

太陽暦1374年エスファンド月20日

(氏名と署名)

6．証明書

日本には相当する例はないが、イランでは、私的な事実の証明のために、関係者の署名を集め、公的機関に提出することがある。このような証明書の例を２つ挙げておく：

〈161〉

...(نام کامل) به آگاهی همسایگان ارجمند می رساند: ادارهٔ آموزش و

پرورش محل خواسته است که گواهی‌نامه‌ای از اهالی محترم درتأیید اینکه بیش از پنج سال است که با خانواده‌ام (همسر و سه فرزند) در خانهٔ کنونی مقیم هستم به آن اداره ارائه دهم تا توصیه نامهٔ لازم برای ثبت نام دو فررندم در دبستان نزدیکتر به منزل صادر کنند. از همسایگان گرامی و محترم که به حقیقت حال آگاهند خواهش دارد که شهادت خود را مبنی بر اینکه بیش از پنج سال است که با خانواده‌ام در منزل کنونی واقع در...ساکن هستم با قید نام و نشانی خود در زیر این برگ مرقوم فرمایند؛ مایهٔ نهایت امتنان خواهد بود.

～（氏名）から、隣人の皆様にお知らせ申し上げます。私どもは、当地区の教育委員会に対し、2人の子供の自宅近くの小学校への登録を申請しております。ところが、登録推薦書の発行には、私の家族（夫婦と子供3人）が、5年以上現在の家に居住しているという証明が必要と判明しました。そこで、実状をご存じの隣人の皆様に、私が家族共々、5年以上～の現住所に住んでいることを証言するため、下欄に住所と共にご署名頂けますれば、幸甚に存じます。

〈162〉

آقای...سرایدار سابق ساختمان...که به شهادت همسایگان گرامی و مقیمان این ساختمان پس از مدت ۵ ماه و دو هفتهٔ سرایداری اینجا به علت بی‌مبالاتی و انجام ندادن وظایف مربوط به شغل و مسؤولیت خود در تاریخ...از کار اخراج شد، در شکایت نامه‌ای به اداره کار به‌دروغ مدعی شده که مدت بیش از چهار سال در این ساختمان کار سرایداری داشته و سرانجام بی عذر موجه و بی آنکه حقوق و مزایای قانونیش پرداخت بشود از کار اخراج شده است. از ساکنان محترم این ساختمان و

همسایگان گرامی که خوب آگاهند که این اعلام او مغایر حقیقت است خواهش دارد اطلاع خود را در مورد مدت کار سرایداری او در این محل و علت اخراجش از این کار در زیر این ورقه مرقوم دارند تا همراه با مدارک دیگر در پاسخ ادارهٔ کار فرستاده شود.

~ (建物の名前) の前管理人である~氏は、住人の皆様がご存じの通り、5カ月と2週間、管理人職を務めた後、職務に関する義務への不注意と不履行を理由に、〇月△日に解雇されました。ところが、氏は、労働基準監督署に対し、4年以上ここで管理人を務めていたが、最後に正当な理由なく、また、法に則った給料の支払いも受けぬまま、解雇されたという虚偽の申し立てをしています。そこで、この申し立てが事実に反することをご承知の住人の皆様に、ここでの彼の管理人職の期間と解雇理由についてご存じのことを、下欄にお書き込み願いたく存じます。この書類は、他の書類と共に、労働基準監督署への回答として送ることになっております。

7. アンケート

نظرخواهی دربارهٔ نمایش امروز

با تکمیل پرسشنامهٔ زیر، ما را در انتخاب فیلم‌های خوب سینمائی یاری فرمائید

جنس: زن/مرد   سن: ...سال
درجهٔ تحصیلی:
شغل:
هر چند وقت یکبار به سینما می روید؟ :

— 211 —

چگونه از نمایش این فیلم آگاه شدید؟ به وسیلهٔ :
روزنامه رادیو تلویزیون برگ آگهی دوست و آشنا
آگهی خیابانی سردر سینما دیگر....
این فیلم را چگونه ارزیابی می کنید؟

	بسیار خوب	خوب	متوسط	زیر متوسط	بد
داستان					
کارگردانی					
فن فیلم برداری					
بازی هنرپیشه ها					
صحنه ها					
موسیقی و آواز					

بر رویهم، میان (۰) و (۱۰۰)، به این فیلم چه امتیازی می دهید؟ :
درباره محل نمایش این فیلم چه فکر می کنید؟
بهای بلیت این فیلم را چگونه می دانید؟: گران منصفانه ارزان
دوست دارید که در آینده چگونه فیلم سینمایی ای ببینید؟ :

本日の映画に関するアンケート
優秀な映画を選ぶお手伝いとして、下記の質問にお答え下さい。

性別　（男・女）　　　　年齢　（　　）歳
最高学歴　（　　　　　　）　　職業　（　　　　　）
あなたが映画館に行く頻度は？　（　　　　　）
この映画の上映をどのようにして知りましたか？

(新聞・ラジオ・テレビ・広告・知人から・チラシ・映画館で直接・その他)

この映画をどのように評価しますか？

	大変良い	良い	ふつう	少し悪い	悪い
ストーリー					
監督					
撮影技術					
演技					
装置					
音楽					

この映画に点数をつけるとすれば、百点満点で何点をつけますか？
（　　　）点

この映画の上映場所について、どう思いますか？
（　　　　　　　　　　　）

料金はどうですか？　（高い・適当・安い）

今後どんな映画を観たいですか？
（　　　　　　　　　　　　　　　　）

— 213 —

8. 広告

新聞などに掲載される広告は種々あるが、求人広告と一般の商業広告の例を示しておく。

افراد زیر بهمکاری دعوت میشوند
۱- خانم مهندس الکترونیک جهت دفتر مرکزی
۲- مسئول آمار دیپلمه ریاضی
۳- مسئول نگهداری وتعمیرات ماشین‌آلات با حداقل ۵ سال سابقه‌کار تلفن ۶۲۹۸۳۲

کار با درآمد عالی

یک مرکز طراحی و چاپ

به تعداد زیادی بازاریاب
از سراسر کشور احتیاج دارد

داوطلبین می توانند شرح سوابق
تحصیلی و تجربی و تلفن تماس
خود را به همراه یک قطعه عکس

به نشانی: اصفهان، خمینی شهر
صندوق پستی: ۸۴۱۷۵-۴۱۳ ارسال نمایند

هتل ارم

آماده پذیرائی از جشنها - عقد و عروسی - سمینار و کنفرانس

پارک ارم - هتل ارم

تلفن: ۹۲۵۶۶۲ - ۹۲۸۰۷۰ - ۹۳۹۱۸۷ - ۹۳۵۹۰۸ فاکس: ۹۳۰۸۷۲

تزئینات چوبی داخل ساختمان

و نردههای چوبی کنار پله در اسرع وقت
۹۵۴۷۶۶

بسمه تعالی

اطلاعیه حراج فرشهای نو و کهنه شرکت سهامی فرش ایران

حراج فرشهای نو و کهنه شرکت سهامی فرش ایران روزهای دوشنبه از ساعت ۱۶/۳۰ الی ۱۹/۳۰ در محل این شرکت واقع در: خیابان فردوسی شمالی، شماره ۱۶۰ برگزار می گردد.

پارکینگ برای مشتریان موجود است

ورودیه موقت: پنجاه هزار ریال

Ⅳ. 付録

§1. 自他称対照表

ペルシア語も日本語と同様に、自他称をはっきりと区別する。ここでは、手紙に必要な自称・他称の対照表を作った。基本的な敬称についても説明したので、参考にして頂きたい。

自分の呼び方 (謙遜)	相手の呼び方 (尊敬)	基本の呼び方	関係／主体
اینجانب، (این) بنده، حقیر، ناچیز، کمینه*، کمترین، (این) ناتوان/ ضعیف، دعاگو، کوچکِ شما، چاکر شما، غلام شما/تان		من	代名詞
	سرکار (عالی)، حضرت آقا، جناب آقا**، حضرت (مستطاب) عالی، وجود مبارک/ شریف***، سرورم، سرور بنده	شما	
	ایشان، آنجناب، جناب	او	

— 216 —

	آقا، آنحضرت، حضرت آقا، معظم له و معظم لها (برای پادشاه و ملکه)	او	
بنده زاده، غلام زاده، غلام شما	آقاپسر، آقا زاده، نورچشمی (تان)	پسر	
دخترم، بنده زاده، کنیز شما*	دختر خانم، نورچشمی، صبیه (تان)	دختر	
خانم (م)، همسرم، زنم، مادر/ والده‌ی بچه ها، والده آقا مصطفی****	خانم (تان)، (سرکارِ) (محترم) خانم، همسرتان	زن	
پدرم، ابوی، والد بنده*****	خدایگانی، ابوی (گرامی)، سرکار آقا، والدِ مُعَظَّم	پدر	親族名
مادرم، والده	(سرکار) خانم مادر (تان)، والده‌ی مکرم/ محترم	مادر	
برادر (م)، اخوی	اخوی (گرامی)، برادرِ (ارجمند) تان	برادر	
خواهر (م)	خواهر خانم، خانمِ همشیره	خواهر	

その他の名詞関連語	حالِ/ اسمِ/ کارِ/ نامهٔ/ وقتِ/ نشانیِ ...	ـــِ شریف یا گرا می یا ـــِ مبارک***	ـــِ بنده
	کار	فرمایش (به معنی با کسی کار داشتن)	عرض
	غذا/ خوراک	سفرهٔ شاهانه	سفرهٔ درویشی، نان و پنیر
	اثاثِ خانه	اسباب و تجمل	خرده‌ریز، خرت و پرت
	خانه	دولتسرا، خانهٔ شریف/مبارک	بنده منزل، کلبهٔ حقیر/درویشی
	هدیه	مرحمتی/عطیهٔ/ التفاتی (مبارک)، عطیهٔ/هدیهٔ نفیس	تقدیمی (ناچیز)، هدیه (ناقابل)
前置詞など	به (کسی)	حضورِ ...، خدمتِ...، به پیشگاهِ ...	به
	پیش (کسی)	(در)حضورِ ...، خدمتِ...	پیش
	با/	در خدمتِ...،	با/همراه

	در (التزامِ) رکابِ (فقط برای پادشاه)	همراه (کسی)	前置詞 など

* حقیر（男性）と کمینه（女性）という自称は、今日ではあまり使われなくなった。これは、自分や自分の親族を غلام شما とか کنیز شماという表現についても同様である。

** مبارک や شریفは尊敬を表す形容詞で、خانهٔ شریف، نامهٔ شریف، خاطر شریفという具合に、相手に属する物や、相手の人格の一部が尊敬に値することを示す。たとえば、دستخط مبارک رسید و سرافرازم کرد（御懇書を頂戴し、光栄に存じます）など。しかし、そのほかの物、たとえば猫や自転車などには付けないので、注意が必要である。

*** 少し前まで、イランでは、夫が妻を名前で呼ぶことは、女性に対して失礼であると思われてきたし、現在でもその風が随所に残っている。そのため、夫は結婚直後は妻をخانمと呼び、子供が産まれた場合、とくにそれが男子なら、人前では妻をその子の名または「〜の母」という言い方で呼んだものであった。「アーガー・モスタファーの母」という言い方は、عماد عصارが1330年代に週刊誌『アーショフテ』のコラムで、自分の妻をوالدهٔ آقا مصطفیと呼んで以来起こった言い方で、現在でも一般によく使われる。

**** イラン人は、自分の両親のことも敬語を使って表現することがある。たとえば、خدایگانی (پدرم) و خانم والده دیشب وارد

شدند و امروز در خانه استراحت می فرمایند といった調子である。ただし、若い世代にはあまり使われていない。

[よく使われる敬称]

中世からカージャール朝時代にかけて、称号が盛んに使われたが、時代が下るにつれてその風も廃れてきた。とくにこの10年ほどで、公式の称号の中にも使われなくなってきたものがある。それでも、日本人の目から見れば、まだまだ幅をきかせている、この敬称のいくつかについて、大まかに解説しておきたい。

(1) جناب：元来「門」を指すこの語は、公式には大臣、知事、大使など、特定の地位に用いられてきたが、今日では普通の人間にも多用されるようになってきた。

(2) حضرت：この語も、元々は「近さ」「門」などの意味を持っていた。元来身分の高い人に使われたが、現在の用法は(1)に同じ。

(3) بندگان：奴隷の意の بنده の複数形だが、敬称としては、王も بندگان اعلیحضرت と呼ばれたりする。人はすべて神の奴隷であるという捉え方から出た表現である。

(4) خدایگان/خدایگانی (حضرت) خدایگان：خدایگان とは「偉大な所有者、王」という意味で、敬称としては国王のほか、父親や慈善家（ولینعمت）にも使われる。

(5) معظم له، معظم لها، معظم لهم：国王、皇后の敬称は、それぞれ اعلیحضرت と علیاحضرت が一般的だが、「神の尊ばれた」

という表現でも言い替えられる。له が王、لها が皇后、لهم は国王夫妻を指す時に使われる。

(6) آيت الله، حجت الاسلام：共に、シーア派の高位の指導者に付ける敬称。最高位である آيت الله は、حضرت آيت الله… と呼ばれるが、حجت الاسلام には حضرت か جناب のいずれかを付けて呼ぶ。

(7) سيد：シーア派イマームの子孫とみなされている人々に使われる敬称で、ほかの敬称と共に使う場合には、حضرت آيت الله سيد… という具合に、名前の直前に付ける。

(8) دكتر، مهندس：博士や技師といった学問的資格も、敬称として一般に使われる。これらは、سيد を除く敬称の中では最後にくる。たとえば、博士号を持ったセイエドのアーヤトッラーは、حضرت آيت الله دكتر سيد… と呼ばれることになる。

§2. 手紙用語小辞典

あ

あい　[愛]　عشق؛ محبت　（愛のしるし）نشانهٔ عشق؛ نمودار محبت
（愛をこめて）با عشق　（愛を告白する）اظهار عشق کردن (به)
（愛情のこもった言葉）سخنان عاشقانه؛ سخنان مهرآمیز
あいかわらず　[相変わらず]　مانند همیشه؛ برابر معمول
（どうぞ今年も相変わらずよろしく願います）امیدوارم که عنایتتان در
این سال هم برقرار/بردوام باشد؛ لطفتان پاینده (باد)!
（相変わらず元気です）حالم همچنان/چون همیشه خوب است.
（相変わらずご贔屓に願います）امیدواریم که نظر عنایت شما ادامه
داشته باشد؛ امیدواریم که همچنان مشتری کالای/خدمات ما بمانید.
あいこ　[愛顧]　لطف؛ عنایت
あいさつじょう　[挨拶状]　نامهٔ احوال پرسی
あいとう　[哀悼]　☞　くやみ
あいにく　بدبختانه؛ از بخت بد؛ متأسفم (که بگویم/اطلاع بدهم) که...
あう　[会う]　دیدن؛ ملاقات/دیدار کردن
（会いに行く）به دیدن/ملاقات (کسی) رفتن
あさって　[明後日]　پس فردا
あしからず　[悪しからず]　（悪しからずご了承下さい）خواهش
می کنم وضع مرا بفهمید؛ لطفاً به وضع من عنایت بفرمایید!
あす　[明日]　فردا　（明日の朝）صبح فردا؛ فردا صبح
あてな　[宛名]　نشانی　（宛名が違う）به نشانی اشتباه/عوضی
فرستادن؛ نشانی اشتباهی/عوضی داشتن نامه
あてる　[宛てる]　خطاب کردن نامه به کسی
（〜氏に宛てた手紙）نامه‌ای خطاب به/به عنوان آقای...

あらかじめ ☞ まえもって

あらためて [改めて] باز؛ بار/ وقت دیگر؛ بعداً

ありがたい [有り難い] احساس امتنان/تشکر

(有り難く思う) قدر دانستن (لطف/محبت کسی را)

(有り難く頂戴する) با امتنان/تشکر پذیرفتن (هدیه‌ای)

(有り難うございます) بسیار مدیون لطفتان هستم؛ سپاسگزارتان هستم؛ تشکر فراوان دارم؛ بسیار سپاسگزارم؛ به نهایت ممنونم.

(そうして頂ければ有り難い) اگر این کار/لطف را بفرمایید بسیار سپاسگزارتان/ممنونتان/مدیون محبتتان خواهم شد.

(お招きにあずかり有り難うございます) برای دعوت مهر آمیزتان متشکرم.

アンケート برگ/برگه نظرسنجی/نظرگیری؛ انکت؛ پرسشنامه

あんじる [案じる] ☞ しんぱいする

あんしん [安心] (知らせを聞いて大いに安心しました) این خبر مایهٔ آسودگی خاطرم شد؛ با این خبر رفع نگرانیم شد.

(合格確実ですからご安心なさい) به شما اطمینان می دهم که در این امتحان قبول خواهید شد.

(うまくいくと思って安心しています) به موفقیت خود اطمینان دارم.

あんない [案内] 《招待》دعوت 《通知》اطلاع

(晩餐にご出席賜りたくご案内申し上げます) افتخار دارد که شما را به شام دعوت کند؛ مایهٔ مسرت خواهد بود که دعوتمان را برای شام بپذیرید.

(案内状) دعوتنامه؛ کارت/نامهٔ دعوت

あんぴ [安否] (時折安否をお知らせ下さい) لطفاً گه گاه با دستخطی/ نامه‌ای از تندرستی‌تان آگاهم فرمایید.

い

いがい [以外] (〜以外は) جز؛ غیر از؛ به استثنای
(土日以外は在宅しております) جز شنبه‌ها و یکشنبه‌ها هر روز در
خانه/منزل خواهم بود.

いかが (ご機嫌いかがですか？) حالتان چطور است؛ خوش می‌گذرد؟
(この次の日曜ではいかがですか？) روز یکشنبهٔ آینده برایتان چطور است؟
(今度の日曜においで下さってはいかがでしょう) چطور است که
یکشنبهٔ آیندهٔ پیش ما بیایید؛ یکشنبهٔ آینده در منزل سرافرازمان
کنید/فرمایید.

いかん [遺憾] افسوس؛ تأسف؛ دریغ
(遺憾ながら) متأسفم که اطلاع بدهم که...؛ با عرض معذرت به آگاهی/
اطلاع می‌رساند که...؛ افسوس دارم که...
(遺憾に思う) تأسف داشتن؛ عذر خواستن (برای...)؛ متأسف بودن

いさい [委細] جزئیات؛ دقایق

いずれ (いずれ近いうちにまたお目にかかりましょう) امیدوارم که
یکی از همین روزها شما را باز ببینم؛ امیدوارم که فرصت دیدارتان در
آیندهٔ نزدیک دست بدهد.
(いずれ詳細を通知します) جزئیات امر به‌موقع به اطلاعتان خواهد رسید.

いそがしい [忙しい] (〜で忙しい) مشغول/گرفتار بودن (در کار
خود)؛ درگیر بودن (در کار)
(多忙を極める) بسیار مشغول/گرفتار بودن؛ فرصت سرخاراندن نداشتن
(忙しさのために) بر اثر/برای/در نتیجه فشار کار

いただく [頂く؛戴く] 《もらう》 دریافت کردن؛ مرحمت شدن
(کاری) (از کسی) خواستن؛ 《〜してもらう》 (پاسخ)؛ وصول؛ گرفتن
مدیون ساختن (کسی با کاری)؛ زحمت دادن (به کسی)؛ مصدع (کسی) شدن؛
درخواست/تقاضا/تمنا کردن
(ありがたく頂く) با امتنان پذیرفتن (چیزی)

— 224 —

برای هدیهٔ (結構な品を頂きましてまことに有り難うございました)
زیبایی که مرحمت فرمودید بسیار متشکرم.
پاسخ سریعتان را استدعا دارد؛ (できるだけ早くご返事を頂きたい)
خواهش دارد که در نخستین فرصت ممکن پاسخ دهید.
لطفاً تصویری/عکسی از خودتان (あなたのお写真を頂けませんか)
مرحمت بفرمایید؛ لطفاً تمثال مبارک را مرحمت بفرمایید.

いたり [至り] کمال؛ نهایت؛ غایت

いちげん [一言] (一言申し上げたく存じます) اجازه بدهید احساس
خود را عرض/بیان کنم. (一言の御礼) عرض/بیان/ادای تشکر
(一言のお詫び) عرض معذرت/پوزش

いちどう [一同] (家族一同) همهٔ/همگی خانواده؛ اهل خانه؛ اهل و
عیال《古めかしい表現》

いちに [一二] یکی دو تا؛ معدودی؛ انگشت شمار؛ چند
(一、二週間) یکی دو هفته؛ چند هفته‌ای

いつか وقتی؛ روزی؛ در فرصتی؛ یکبار
(いつかそのうちに《近日中に》) یکی از این روزها؛ به‌زودی؛ درآینده
نزدیک (またいつか) روزی دیگر؛ وقتی دیگر
(いつかまたお目にかかりましょう) امیدوارم که روزی (دیگر) با فرصت
بیشتری شما را ببینم.

いっさくじつ [一昨日] پریروز؛ دو روز پیش

いっぴつ [一筆] یک سطر/خط، چند سطر(ی)؛ دستخط، یادداشت کوتاه
(一筆したためる) گذاشتن/فرستادن/نوشتنِ یادداشتی/(چند) سطری
(برای کسی)
(一筆申し上げます) اجازه بدهید (چند) سطری برایتان/حضورتان
بنویسم؛ با عرض این چند کلمه زحمت/تصدیع می دهد و به اطلاع/
آگاهی می رساند (که…)؛ به عرض این وجیزه زحمت افزا می شود
(که…).

いっぽう　[一報]　（ご上京の節はご一報下さい） هر گاه به توکیو
می آمدید، لطفاً با نامه‌ای آگاهم فرمایید.
（ご一報次第店員が参上致します） هر وقت که پرسش یا درخواستی داشته
باشید، نمایندهٔ ما در خدمتتان خواهد بود.
いてん　[移転]　（上記に移転致しました） ما به نشانی یاد شده جا به
جا/ منتقل شده‌ایم.
（この家は今月末に移転します） درپایان/آخر این ماه از این خانه اسباب
خواهیم کشید/نقل مکان خواهیم کرد.
いのる　[祈る]　（ご自愛のほど祈り上げます） مواظب (احوال)
تندرستی خود (تان) باشید.
（ご幸福を祈り上げます） باسلام و دعای فراوان (برای تندرستی
و شادکامیتان)؛ با آرزوی سلامت و کامروایی تان؛ با تقدیم
تمنیات قلبی برای تندرستی و برکامی‌تان.
（ご成功を祈る） آرزوی توفیقتان را دارد؛ موفق باشید؛ توفیقتان را
(از خداوند) مسئلت دارد/خواهان است.
（一日も早くご全快あらんことを祈ります） بهبود (هر چه زودتر) تان
را آرزومندم؛ شفای (عاجل) تان را آرزو دارد.
いろいろ　[色々]　（色々お話し申し上げたいことがある） مطالب
فراوان برای گفتن دارم؛ چیزهای گوناگون برای گفتن دارم؛ سخن بسیار
است.
（色々ご厚情にあずかり有り難く存じます） مراتب امتنانم را برای
الطافی که به راههای گوناگون مبذول فرموده‌اید، بپذیرید؛ برای
محبت‌های فراوانتان امتنان دارم؛ برای همهٔ الطافی که درباره‌ام
فرموده‌اید سپاسگزارم.
いわい　[祝い]　（～のお祝いに） در/برای بزرگداشت؛ در جشن...
（お祝いを申し上げます） شادباشهای صمیمانه (ام را) تقدیم (حضورتان)
می کنم.

（ほんのお祝いの印です） این پیشکش ناچیزی است به نشانهٔ آرزوهای/ تمنیات قلبی‌ام (برای...).
（心からお祝い申し上げることは大きな喜びです） مایهٔ نهایت خوشوقتی‌ام است که تبریکهای صمیمانه و آرزوهای خالصانه را تقدیم دارم.

いんさつぶつ　［印刷物］　مطبوع؛ مطبوعات
（《封筒などに》印刷物在中） حاوی مطبوعات

う

うえさま　［上様］　برای استحضار مراجع ذی ربط؛ برای اطلاع مقامهای مربوط

うけたまわる　［承る］　شنیده شدن؛ گفته شدن؛ گویا؛ آگاه شدن؛ فهمیدن؛ مطلع شدن
（承れば） به قرار اطلاع؛ خبر شدم/یافتم (که...)

うけとる　［受け取る］　دریافت کردن؛ رسیدن؛ تحویل گرفتن
（お受け取りの上はご一報下さい） لطفاً رسید آنرا اطلاع دهید؛ لطفاً اعلام رسید/وصول فرمایید.

うれしい　（うれしく思う） خوشحال بودن؛ خوشوقت بودن؛ مسرور بودن؛ شاد بودن
（お手紙まことにうれしく拝見致しました） از دریافت نامه‌تان بسیار خوشحالم؛ نامه‌تان را با مسرت فراوان خواندم/زیارت کردم.
（うれしいお便り） خبر خوش؛ مژده؛ بشارت؛ نوید
（うれしいご返事） پاسخ خوشحال کننده؛ پاسخ مطلوب؛ جواب مساعد

え

えいてん　[栄転]　ترفیع　(栄転する) ترفیع یافتن (به مقام بالاتر)؛ رفتن/انتقال پیدا کردن به مقام بالاتر (به صورت ترفیع)

えはがき　[絵葉書]　کارت پستی مصور/کارت پستال
(富士山の絵葉書) کارت پستی با نمای کوه فوجی

えんりょ　[遠慮]　(遠慮なく) بی تقید/تکلف؛ آزادانه؛ به آزادی
(折角のご招待を遠慮する) با شرمندگی/با معذرت قادر به آمدن/ شرکت نخواهم بود.
(遠慮のない話ですが) بگذارید باشما صادق باشم/از روی صدق بگویم (که…)

お

おいで　[お出で]　(お出でになる) تشریف فرما شدن؛ سرافراز کردن/فرمودن
(こちらへお出での節は) اگر گذرتان به این طرفها افتاد

おかげ　[お蔭]　(お蔭様で) به مرحمت/به لطف کسی؛ در سایه مرحمت کسی؛ به لطف یاری کسی؛ به موهبت (اعمال) نفوذ کسی؛ به لطف مساعی کسی؛ با کمک/یاری/مساعدت کسی
(お蔭様で一同元気です) در سایهٔ مرحمت شما ، همهٔ/همگی ما تندرست و سرحالیم.
(私の成功はあなたのお蔭です) موفقیتم را مدیون (لطف) شما هستم؛ به موهبت/در سایهٔ لطف شما بود که موفق شدم.

おくりじょう　[送り状]　برگ فروش؛ فاکتور؛ صورتحساب

おくりもの　[贈り物]　هدیه؛ پیشکشی
(クリスマスの贈り物) هدیهٔ کریسمس
(新年の贈り物《お年玉》) هدیهٔ سال نو/نوروز
(誕生日の贈り物) هدیهٔ روز تولد

おくる　[送る；贈る]　فرستادن؛ دادن؛ هدیه کردن؛ دادن هدیه‌ای

(به کسی)؛ هدیه/ پیشکش کردن چیزی به کسی
(小為替で金を送る) فرستادن پول با حواله پستی
おくれる [遅れる] (ご返事が送れて相済みません) از تأخیری که
در تقدیم/عرض پاسخ شد عذر می خواهم؛ عذر می خواهم که نتوانستم
زودتر پاسخ بدهم.
(返事はもう二週間も遅れている) فرستادن پاسخ دو هفته به تأخیر
افتاده است (و پوزش می خواهم).
おそくとも [遅くとも] (遅くとも20日までに) حد اکثر/منتها
تا روز ۲۰ ماه
おそれいる [恐れ入る] (恐れ入ります《感謝》) به‌نهایت
سپاسگزارتان هستم/مدیون لطفتان هستم.
(恐れ入りますが～して下さいませんか) ممکن است با...مرا مدیون
اگر امکان دارد؛ از راه لطف (恐れ入りますが) مراحم خود سازید؟
おって [追って] 《あとで》 سپس؛ بعدا (追伸) پی نوشت
(追って通知のあるまで) تا اطلاع بعدی؛ تا اعلام ثانوی
おととい [一昨日] پریروز؛ دو روز پیش
[一昨日の晩] پریشب؛ دو شب پیش
おどろく [驚く] (～を聞いて驚く) خبر... شگفت زده‌ام کرد؛
تکانم داد؛ از شنیدن ...تعجب کردم.
(その知らせにはいささか驚いた) این خبر غافلگیرم کرد.
(お手紙を拝見して大変驚きました) (با رسیدن نامه تان) به سختی
می توانستم آنچه را که می خوانم باور کنم.
おめでとう مبارک باشد؛ تبریک می گویم/عرض می کنم.
(誕生日に) تولدت مبارک (باشد).
(結婚式などに) سعادتت/سعادتتان را آرزو دارم؛ کامروا باشی/باشید!
(年賀状に) صد سال به این سالها!
おもう [思う] 《考える》 فکر کردن؛ منظور داشتن؛ خیال کردن؛

عقیده داشتن؛ یقین داشتن 《信じる》 پی بردن؛ احترام گذاشتن

احساس کردن 《感じる》

دانستن؛ به چشم…دیدن؛ گرفتن؛ انگاشتن؛ پنداشتن؛ 《見なす》

امیدوار بودن؛ امید داشتن؛ انتظار داشتن 《予期する》 گمان کردن

ترسیدن (یا، نگران بودن)؛ بیم داشتن؛ بیمناک بودن 《懸念する》

تصور کردن؛ گمان بردن؛ انگاشتن 《想像する》

به جای…گرفتن؛ اشتباه/عوضی گرفتن 《誤認する》

قصد داشتن؛ منظور داشتن؛ در خیال داشتن؛ در نظر 《つもりである》

داشتن؛ در فکر (انجام…) بودن؛ نقشه کشیدن؛ طرح ریختن؛ گرایش داشتن

آرزو داشتن؛ میل داشتن؛ خواستن؛ مایل بودن؛ تمایل داشتن 《願望する》

فکر کردن (به…)؛ عشق داشتن؛ عاشق بودن؛ 《念頭に置く、慕う》

در رؤیای…بودن؛ در سودای…بودن

سردرنیاوردن؛ باور (کسی) نشدن؛ مشکوک بودن 《いぶかる》

به یاد آوردن؛ به خاطر آوردن؛ به یاد…افتادن 《記憶する》

امیدوارم که احوالتان کاملا خوب است؛ （ご健勝のことと思います）

امید است که در کمال تندرستی هستید.

هر چند که همواره در فکر （お手紙を差し上げようと思いながらも）

داشتم/در صدد بودم که برایتان نامه بنویسم، …

おりいって　[折り入って]　（折り入ってお願いしたいことがある）

خواهشی از شما/از حضورتان دارم؛ می خواهم تقاضایی از حضورتان بکنم.

おりかえし　[折り返し]　در نخستین فرصت؛ هر چه زودتر

おんちゅう　[御中]　（ハーヴァル商会御中） شرکت محترم خاور

かいしゃ　[会社]　شرکت (تجاری/بازرگانی)؛ بنگاه بازرگانی؛ طرف تجاری　(株式会社《Co., Ltd.》) شرکت با مسؤولیت محدود
(―《... & Co.》) ...و شرکاء　(―《Inc.》) مجتمع شرکت های...
かいしょ　[楷書]　چاپ؛ نوشتن با حروف کتابی؛ (楷書で書く) نوشتن با حروف درشت (با حروف جدا جدا)
かいそう　[回送]　(手紙を回送する) ارجاع دادن نامه (به نشانی تازه)
(《封筒などに》乞御回送) لطفاً نامه را به نشانی تازه باز رسانید.
かいほう　[快方]　(快方に向かっている) بهتر شدن؛ بهبود یافتن
かきとめ　[書留]　سفارشی　(書留郵便で) (با پست) سفارشی؛
(手紙を書留で出す) سفارشی فرستادن نامه؛ فرستادن نامه با پست سفارشی
かくべつ　[格別]　(格別のご親切) لطف/مرحمت خاصتان
(格別変わったこともない) چیزی قابل عرض نیست؛ چیز تازه‌ای نیست.
がくねん　[学年]　سال تحصیلی　(新学年) سال تازهٔ تحصیلی
(今度の4月に第3学年になります) در ماه آوریل آینده به کلاس سوم خواهم رفت/دانشجوی کلاس سوم خواهم شد.
かさねて　[重ねて]　دوباره؛ باز؛ ازنو؛ به تکرار؛ بارها
かしこ　☞　けいぐ
かぜ　[風邪]　سرماخوردگی　(風邪をひく) سرما خوردن
(風邪をひいている) سرما خوردگی داشتن
(風邪をひいて寝ている) از سرما خوردگی بستری شدن/در بستر افتادن
かた　[方]　به‌وسیلهٔ؛ توسط؛ به لطف
(手紙を～氏方に送る) فرستادن نامه توسط/به لطف آقای...
かたがた　[旁々]　《～のついでに》 از طریق؛ به‌وسیلهٔ
《同時に》 در عین حال؛ در همان حال

かたじけない [忝ない] سپاسگزار؛ ممنون؛ مدیون/مرهون (لطف کسی) (بودن)

（千万忝なく存じます） بسیار مدیون لطف شما هستم؛ لطف بزرگی در حقم/درباره‌ام فرموده‌اید.

（ご出席下されば忝のう存じます） حضورتان/تشریف فرمائی‌تان مایهٔ بسی افتخارمان خواهد بود.

がっき [学期] دورهٔ درسی؛ نیمسال درسی/تحصیلی

かどうか هست یا نه؛ باشد یا نباشد؛ اثباتاً یا نفیاً؛ چنانچه

かなしみ [悲しみ] غم؛ اندوه؛ سوک؛ ماتم؛ مصیبت؛ ضایعه

かならず [必ず] البته؛ به یقین/یقیناً؛ مطمئناً؛ حتماً

（必ず〜する） به هر وسیله/راه که باشد، حتماً...

かなり بسیار （かなり長い間） مدت نسبةً دراز؛ مدت مدید

かねがね、かねて （兼ねて申し上げておいたとおり） همانطور که (پیشتر) گفتم

（母かねて病気のところ先月末死去致しました）/ مادرم که مدتی/چندی مریض بود در پایان ماه پیش درگذشت.

かねる （しかねる） نتوانستن؛ قادر نبودن (به)؛ میسر نبودن؛ در وضعی نبودن (که...)

（承諾しかねる） قادر به موافقت نبودن

（申し上げかねるが） با نهایت اکراه/بی میلی باید بگویم/به عرض برسانم (که)

かわせ [為替] حوالهٔ پول؛ ارز

（為替で送る） فرستادن پول به‌وسیلهٔ حواله

かわって [代わって] از طرف/از سوی (کسی)؛ به جای (کسی)

（彼に代わって） از طرف/به جای او

かわり [変わり] （皆さんお変わりありませんか） حال همگی چطور است؟؛ حال جنابعالی و بستگان خوب است؟؛ احوال شما و خانواده تان چطور است؟

（あなたに対する私の愛情は永久に変わりません） همیشه به یاد
و دوستدار تو.
かんげいかい　**[歓迎会]**　مهمانی خوشامدگویی/استقبال
（歓迎会を開く） دادن/برگزار کردن مهمانی
かんしゃ　**[感謝]**　حق شناسی؛ قدرشناسی؛ سپاسگزار بودن؛ امتنان تشکر
（感謝する） تشکر کردن (از کسی)؛ (برای)...سپاس/امتنان داشتن
（感謝の意を表する） ابراز/بیان/اظهار متقابل تشکر از کسی؛ ابراز
(احساس) حقشناسی خود؛ اظهار قدردانی؛ سپاسگزاری کردن (از کسی)
（感謝の言葉もありません） قادر به بیان احساس امتنانم نیستم؛
زبانم/بیانم از ادای تشکر عاجز/قاصر است.
（ご好意を深く感謝致します） برای مهرتان از جان و دل/از صمیم قلب
تشکر می کنم؛ به نهایت سپاسگزار لطفتان هستم.
（感謝のしるしに） (چیز کوچکی/هدیهٔ ناچیزی) به نشانهٔ سپاسگزاری
かんじょ　**[寛恕]**　☞　ゆるす

き

きい　**[貴意]**　（貴意のままに） برابر دلخواهتان؛ هر طور که دوست
دارید؛ چنان که مناسب می دانید؛ برابر خواسته‌تان
（この段貴意を得たく存じます） امیدوارم که از راه مرحمت توجه/
عنایت بایسته به این موضوع/مطلب بفرمایید.
きかい　**[機会]**　（またの機会に） وقت/فرصت دیگر
（機会があったら） هر گاه که فرصت پیش آید؛ اگر فرصت (ی) دست
بدهد （機会あり次第） در نخستین فرصت؛ در اولین مناسبت
（その件は次の機会に譲ります） آنرا برای فرصت دیگر می گذارم.
（これを機会に末永くご交際を願います） امیدوارم که (این) آشنایی مان
به دوستی پایدار بینجامد.
きかん　**[貴翰]**　لطف/عنایت تان؛ نامه‌تان

（貴翰正に落手致しました） وصول مرقومه‌تان را به آگاهی می رساند.
きく　［聞く］　（聞くところによれば） گویا؛ بنا به مسموع؛ از قراری که می گویند؛ شنیده‌ام/می گویند (که…)
きげん　［機嫌］　（ご機嫌いかがですか） حالتان/احوالتان چطور است؟؛ خوش می گذرد؟
（ごきげんよう） خدا حافظ/نگهدار؛ به‌سلامت؛ خیر پیش!
（―《旅行に出る人へ》） سفر خوشی برایتان آرزو دارم؛ سفر خوش؛ سفر به‌خیر!
きたる　［来る］　بعدی؛ پسین؛ آینده
（来る日曜日に） یکشنبه آینده؛ یکشنبه بعد/دیگر
（来る《今月の》二十日に） روز بیستم ماه
きづけ　［気付］　（ケルマーン貿易株式会社気付サーマーン・フォルータン様） توسط/به لطف شرکت بازرگانی کرمان، آقای سامان فروتن (ملاحظه فرمایند)
（～気付で手紙を出す） فرستادن نامه‌ای به نشانی و توسط…
きって　［切手］　（郵便切手） تمبر (پستی)
（切手蒐集） تمبر جمع کردن؛ تمبر بازی؛ تمبر شناسی
（切手蒐集家） تمبر جمع کن؛ تمبرباز؛ کلکسیونر تمبر؛ تمبرشناس
きねん　［記念］　یادگار
きのう　［昨日］　دیروز　（つい昨日） همین دیروز
（つい昨日のような気がします） مثل اینکه/پنداری که دیروز بود.
きのどく　［気の毒］　تأسف آور؛ اسفبار؛ غم انگیز؛ دریغ آور
きゅうねん　［旧年］　（旧年中は色々お世話になりました） مراتب امتنانم را برای الطافی که در سال گذشته درباره‌ام مبذول داشته‌اید تقدیم می دارم.
きゅうゆう　［旧友］　دوست قدیمی؛ یار دیرین
きゅうよう　［急用］　（急用で） برای کار فوری؛ برای امر اضطراری

(急用で大阪へ行きました) کار فوری ایجاب کرد که به اوساکا برود.

きゅうよう　[休養]　(一日休養を取る) یک روز تعطیل گرفتن/کردن برای استراحت یا تفریح

きょうしゅく　[恐縮]　(恐縮です《感謝》) نهایت‌لطف/مرحمت شما است؛ بسیار لطف دارید؛ برای مهربانیتان بسیار متشکرم؛ لطفتان بسیار شرمنده‌ام ساخته است؛ شرمندهٔ لطفتان هستم.

(恐縮ですが) می بخشید/عذر می خواهم که زحمت می دهم، اما...

きょくりょく　[極力]　《できるだけ》 به نهایت؛ به کمال؛ تا آنجا که از (کسی) برآید؛ در نهایت امکان؛ در غایت توان خود

きんきょう　[近況]　(御近況お知らせ下さい) لطفاً از احوال خود (تان) آگاهم کنید؛ خواهشمندم از سلامت خود آگاهم فرمائید.

きんじえない　[禁じ得ない]　ناچار (باید که...)؛ ناچار است که...؛ چاره ای نیست جز اینکه...؛ نمی شود کاری کرد جز اینکه...

きんじつ　[近日]　(近日中に) به‌زودی؛ درآیندهٔ نزدیک؛ تا چند روز (دیگر)؛ یکی از همین روزها؛ هر چه زودتر؛ پیش از آنکه زیاد بگذرد؛ تا مدت زیاد نگذشته؛ (همین) چند روزه؛ در همین چند روز

く

ください　[下さい]　(どうかご返事を下さい) لطفاً با پاسخی/پاسختان مرا مدیون لطف خود سازید؛ امید است که از راه لطف (به این نامه) پاسخ دهید.

くやみ　[悔やみ]　(お悔やみを述べる) همدردی کردن با (کسی در مرگ عزیزی)؛ ابراز همدردی خود (به کسی)؛ اظهار تسلیت/همدردی خود به (خانواده‌ای)

(お悔やみの言葉) عبارات تسلیت آمیز؛ تسلیت؛ سخنان تسلی بخش

(お悔やみの電報) تلگرام تسلیت/همدردی

(衷心よりお悔やみ申し上げます)؛ تسلیت صمیمانه‌ام را بپذیرید

در این ماتم بزرگ/عظیم با شما احساس همدردی و همدلی می کنم.
（～の報に接し心からお悔やみ申し上げます） از خبر…به نهایت متأثر شدیم.
（友人の一人として衷心からご遺族の皆様にお悔やみ申し上げます）
اجازه بدهید همراه با دوستان آن فقید سعید تسلیت صمیمانه‌ام را به خانواده و بازماندگان تقدیم دارم.
（何ともお悔やみの言葉がありません） سخن و زبان از بیان تأثر و تسلیتم ناتوان است؛ نمی دانم احساس تأثر عمیقم را چگونه بیان کنم؛ کلمه‌ای برای بیان احساس تأثر عمیقم پیدا نمی کنم.

くりあわせる　[繰り合わせる]　（ちょっと時間の繰り合わせがつかない） وقت/وقتی/فرصتی برای این کار پیدا نمی کنم.
（送別会にご出席のお繰り合わせがつきませんでしょうか）
آیا می شود/نمی شود که کارهایتان را طوری ترتیب بدهید که بتوانید در جلسه/دیدار خداحافظی حضور یابید/شرکت کنید؟

くりすます　[クリスマス]　کریسمس؛ عید میلاد مسیح
（クリスマスおめでとう） کریسمس مبارک باد؛ عید میلاد مسیح فرخنده باد!
（クリスマスのお祝いを述べる） گفتن/ابراز/تقدیم/عرض شادباش/تبریک کریسمس

くれぐれも　[呉々も]　خالصانه؛ صادقانه
（奥様に呉々もよろしく） (لطفاً) تحیات خالصانه‌ام را به/حضور خانم محترمتان برسانید.
（呉々もお大事に） لطفاً مواظب (احوال) تندرستی خود باشید.

け

けいが　　[慶賀]　　（首尾良く大学にご入学の由慶賀の至りです）
(اجازه بدهید که) تبریک/شادباش صمیمانه‌ام را به مناسبت توفیقتان در وارد شدن به دانشگاه تقدیم دارد/دارم.

けいぐ　　[敬具]　　ارادتمند؛ با ارادت؛ با اخلاص (فراوان)؛ با مودت؛ دوستدار (تان)؛ با احترام

けいゆ　　[経由]　　از مسیر؛ از راه؛ از طریق

げじゅん　　[下旬]　　（7月下旬に）اواخر ماه ژوئیه؛ آخرهای ماه هفت؛ در نیمهٔ دوم ژوئیه

けっこうな　　[結構な]　　خوب؛ عالی؛ زیبا؛ ارزنده؛ قشنگ
（結構な物を頂きましてまことに有り難う存じます）
تشکر فراوان برای هدیهٔ ارزنده تان/زیبایتان (تقدیم می دارد).

けっせきする　　[欠席する]　　غایب بودن (از/در)؛ حضور نداشتن (در)؛ غیبت کردن (از)؛ حضور نیافتن (در)؛ قادر به شرکت/حضور نبودن؛ فرصت... را از دست دادن

けん　　[件]　　（〜の件お知らせ下さい）در بارهٔ... آگاهم فرمایید؛ درخواست آگاهی در بارهٔ... را دارد.

げんき　　[元気]　　（元気で暮らしている）(حال کسی) خوش و خوب بودن؛ تندرست بودن
（お元気で結構です）خوشحالم که شما را تندرست می بینم.
（お元気で！）به سلامت؛ خیر پیش؛ امیدوارم که خوش و تندرست باشید؛ ایام به کام (تان) باد!

けんしょう　　[健勝]　　（健勝に過ごす）در کمال سلامت بودن؛ در نهایت تندرستی بودن

げんじょう　　[現状]　　احوال فعلی؛ وضع کنونی؛ وضع حاضر

けんぜん　　[健全]　　☞ げんき

— 237 —

こ

こ　[故]　مرحوم…؛ …فقید
（故シャハリー博士）مرحوم/روانشاد دکتر شهری؛ دکتر شهری فقید
こうい　[厚意]　نیات حسنه؛ لطف عظیم؛ (نظر) عنایت؛ حسن نظر
（～のご厚意により）به لطف/مرحمت/عنایت
（ご厚意を謝する）از محبت (کسی) تشکر کردن؛ ابراز امتنان کردن از دیگری برای مهربانی او؛ قدر شناسی کردن برای مرحمت/لطف/یاری کس دیگر
こうい　[好意]　《善意》آرزوی نیک؛ تمنیات نیک
《友好》صمیمیت　《親切》مهربانی؛ لطف؛ الطاف
《斡旋》عنایت؛ عنایات　《敬意》توجه
（好意ある）مهربان؛ با مهربانی؛ از روی لطف؛ از راه دوستی
（ご好意に甘えて）از لطف کسی بهره‌مند شدن
こううん　[幸運]　（幸運を祈る）آرزوی نیک/خیر (برای کسی) کردن
（幸運にも）خوشبختانه؛ از بخت نیک؛ به مقتضای بخت مساعد؛ با یک ذرّه/جو اقبال/بخت　（幸運にも～する）نیک بختی داشتن در (کاری)
（幸運が来るようにと祈っています）دعا می کنم که موفق بشوید.
こうえい　[光栄]　（光栄です）افتخار داشتن؛ مفتخر بودن
（～して頂ければ光栄に存じます）مایهٔ افتخارم خواهد بود که (از راه لطف)…
（～することを光栄に存じます）افتخار (انجام دادن…را) دارم؛ افتخار/سعادت…را دارد.
（お近づきになれて光栄に存じます）آشنایی/آشنا شدن با شما مایهٔ افتخارم/مباهاتم است.
こうくうびん　[航空便]　《封筒の表示》پست هوایی　با پست هوایی
（航空便で）با پست هوایی
こうし　[公私]　（公私とも）آشکار و نهان؛ در جلوت و خلوت؛ چه

رسمی و چه خصوصی

با اینکه/هر چند که فرد/شخص بسیار مشغولی/ (公私ご多忙のところ)
گرفتاری/پرمشغله‌ای هستید ،...

こうじょう [厚情] مهر؛ لطف؛ آرزوهای نیک؛ محبت؛ مرحمت

مراتب امتنان (種々ご厚情にあずかり有り難く御礼申し上げます)
خود را برای مهری/الطافی که به راههای گوناگون در باره‌ام (مبذول)
فرموده‌اید تقدیم می دارد؛ برای همه الطافی که درباره‌ام فرموده‌اید
سپاسگزارم؛ برای محبت‌های فراوانتان امتنان دارم.

こうじん [幸甚] (幸甚です) به نهایت شاد بودن؛ بسیار مسرور
بودن؛ بسیار ممنون/مدیون لطف (کسی) بودن؛ (چیزی را) قدر دانستن
(至急ご返事下されば幸甚に存じます) پاسخ سریعتان مایهٔ نهایت
امتنانم خواهد بود؛ ممنون خواهم شد که از راه لطف/مرحمت، زود پاسخ
بدهید/پاسخ ارسال بفرمایید.
(ご受納下さいますれば幸甚に存じます) قبول شما نشانهٔ لطفتان
خواهد بود.
(晩餐にご光臨下されば幸甚に存じます) مایهٔ نهایت خوشوقتی‌ام
خواهد بود که دعوتم را به شام بپذیرید؛ مایهٔ مباهاتمان خواهد
بود که در مهمانی شام حضور یابید.

こうふく [幸福] (ご幸福を祈ります) سعادت (و کامیابی) تان را
آرزو دارد.
(—《結婚式に》) همهٔ سعادات دنیا نصیبتان باد؛ شادی و خوشبختی
بی حد و قیاس برایتان خواهانم؛ سعادتی راکه امروز نصیبتان شده‌است
صمیمانه شادباش می گویم.

ここ (ここ 2、3 日) این چند روزه (ここしばらく) در حال حاضر؛
(ここに同封して) به پیوست (این نامه)؛ به اینوسیله اکنون؛ فعلاً

こころあたり [心当たり] خبر؛ اطلاع؛ آگاهی

こころから [心から] قلباً؛ صمیمانه؛ صادقانه؛ از صمیم قلب؛

باهمهٔ وجود
（心からの） از ته دل/قلب؛ با اخلاص قلبی؛ صمیمی؛ صادق؛ گرم؛ مخلص
（心からの感謝） سپاسهای گرم (صمیمانه، قلبی)؛ تشکر از صمیم قلب
（心からご成功を祈る） صمیمانه آرزوی توفیق (…را) دارد.
こころばかりの　[心ばかりの]　جزئی؛ کوچک؛ ناچیز؛ اندک؛ ناقابل
（ほんの心ばかりのお礼ですがどうぞご受納下さい） لطفاً این (…) ناقابل را به نشانهٔ امتنانم/حق شناسیم بپذیرید.
ごちそう　[ご馳走]　（ご馳走になる） از مهمان نوازی/پذیرائی (کسی) بهره مند شدن
（ご馳走にあずかり有り難うございました） برای پذیرایی (و مهمان نوازی) تان بسیار متشکرم.　《ペルシア語の手紙では、食事に対する直接の礼は述べないのが普通》
ことば　[言葉]　（言葉ではとても私の気持ちを尽くせません）
کلمات/سخن برای بیان احساسم رسا نیست؛ کلمات در بیان احساسم ناتوان/قاصر است؛ کلمات نمی تواند احساس عمیق/واقعی‌ام را خوب برساند؛ احساسم در زبان وقلم نمی‌گنجد.
（感謝は言葉で表せません） نمی دانم چگونه سپاسگزاری کنم؛ قادر به تشکر شایسته از شما نیستم.
（言葉を換えて言えば） به بیان دیگر؛ به سخن دیگر؛ یعنی اینکه؛ یا؛ به عبارت دیگر
（お言葉に甘えてお願い致します） اجازه بدهید/می دهید/می فرمایید که به عنایات شما مباهی باشم.
このうえとも　[この上とも]　（この上ともよろしくお願い致します）
آرزومند آشنایی بیشتر/نزدیکتر با شما هستم؛ امید به یاری بیشترتان دارم؛ مراحمتان مستدام باد؛ لطفتان پاینده باد؛ از دیدار بیشتر شما خوشوقت خواهم شد/خوشوقت خواهم شد که شما را بیشتر ببینم.
このうえない　[この上ない]　برترین؛ بهترین؛ بزرگترین

（この上ないご馳走） بهترین مایهٔ خوشی
（この上なく幸福です） بی اندازه خوشوقت بودن
（この上なく喜ぶ） به نهایت شاد بودن
（それは私にとってこの上ない名誉です） این بزرگترین/بالاترین افتخاری است که در زندگی/تا کنون نصیبم شده است.

このごろ　［この頃］　اکنون؛ در حال حاضر؛ اینروزها؛ امروزه؛ （当今）
به‌تازگی　（近頃） اخیراً؛ چندی پیش
（このあいだ） یک روز؛ چند روز پیش
（先頃から） در این یکچند (روز گذشته)؛ این چند روزه
（ついこの頃まで） تا (هم) این تازگیها

このたび　［この度］　（この度渡米するにあたり） در این فرصت که عازم/راهی امریکا هستم

このところ　［この所］　（今） اکنون؛ تازگیها؛ به‌تازگی
（今のところ） در حال حاضر؛ فعلاً

ごぶさた　［ご無沙汰］　（ご無沙汰する）؛ نامه ندادن/ننوشتن؛ در (نامه) نوشتن/دادن قصور/تأخیر/تنبلی/کوتاهی کردن
（長らくご無沙汰しました） (از آن هنگام) مدت زیادی/دیر زمانی می گذرد؛ دیر زمانی است که...

こんげつ　［今月］　این ماه؛ ماه حاضر؛ ماه جاری
（今月中に） طی این ماه؛ تا پایان این ماه
（今月中旬に） حدود نیمه/اواسط این ماه

こんごとも　［今後とも］　☞　このうえとも

こんとくな　［懇篤な］　مهربان؛ بالطف؛ صمیمی؛ گرم؛ دلنشین؛ مایهٔ خوشوقتی و امتنان　（懇篤なご祝詞） نامهٔ تبریک خالصانه
（ご懇篤なもてなし） پذیرایی صمیمانه؛ مهمان نوازی

さ

ざいたく　[在宅]　(在宅する) در خانه/در منزل بودن؛ بودن
(在宅日) روزی (از هفته) که شخص در خانه است

ざいちゅう　[在中]　(在中物) مضمون؛ مفاد؛ محتوا؛ مطلب
(書籍／印刷物／見本在中) حاوی مطبوعات/کتاب/نمونه

さいなん　[災難]　بلا؛ بلیه؛ مصیبت؛ امر ناخواسته

さいわい　[幸い]　خوشبختانه؛ از بخت نیک

さく　[割く]　(私のためにお時間を割いて頂き、有り難く存じます)
برای وقتی که به من دادید/لطف کردید، خیلی سپاسگزارم.

さくじつ　[昨日]　دیروز؛ روز پیش

さくや　[昨夜]　دیشب؛ شب پیش

さしつかえ　[差し支え]　(差し支えなければ《異議なければ》)
اگر برایتان مانعی ندارد؛ اگر مانعی نمی بینید؛ اگر برایتان زحمتی ندارد
(—《都合がよければ》) اگر مناسب/مقتضی می دانید؛ در صورت
اقتضا؛ اگر زیاد مزاحم (وقتتان) نباشم
(差し支えがあって参上できません) چون قرار قبلی دارم از آمدن/
رفتن معذورم.

さしょう　[査証]　روادید؛ ویزا　(旅券を査証してもらう)
در پاسپورت کسی روادید گرفتن؛ گذرنامهٔ کسی به روادید رسیدن

さぞ　بی تردید؛ بیگمان؛ به یقین؛ بی شک؛ مطمئنم که؛ تردید ندارم که؛
به یقین که؛ به راستی که
باید بسیار نگران باشید؛ حتماً بسیار دلواپسید.　(さぞご心配でしょう)
چه منظره عالی باید بوده باشد؛　(さぞ壮観だったことでしょう)
به یقین منظره ای با شکوه بوده است.

さっする　[察する]　(なにかとお忙しいこととお察し致します)
خیال می کنم که باید مشغول باشید؛ تصور می کنم که مشغله‌تان
زیاد است؛ به گمانم گرفتار کارها هستید.

— 242 —

さっそく　[早速]　(早速お知らせ致しましょう) بیدرنگ به اطلاعتان خواهم رساند.
(着いたら早速お便りします) به (محض) رسیدن به آنجا برایتان/ حضورتان نامه خواهم نوشت.
(早速ご送金有り難うございました) بسیار متشکرم/متشکریم که پول را زود حواله کردید.
(早速ですが) بی مقدمه سر مطلب می روم؛ اجازه بدهید که بی مقدمه به مطلب بپردازم

さま　[様]　(جناب/حضرت) آقای...؛ (سرکار) خانم...؛ (سرکار) بانو...؛ (سرکار) دوشیزه...

さようなら　خدا حافظ؛ خدا نگهدار؛ به امید دیدار؛ به‌سلامت؛ خدا یار و نگهدارتان باد! 《長旅に》 سفر به خیر؛ سفر خوش؛ دست خدا به همراه؛ خیر پیش!

さらいしゅう　[再来週]　دو هفتهٔ دیگر؛ پس آن هفته
(来週か再来週) هفتهٔ آینده یا هفتهٔ پس از آن
(再来週の金曜) جمعهٔ دو هفته دیگر

さんじょう　[参上]　دیدار؛ ملاقات　(参上する)　زیارت کردن کسی؛ خدمت کسی رسیدن؛ شرفیاب حضور کسی شدن؛ شرفیاب شدن

ざんねん　[残念]　(残念ながら) با (عرض) معذرت ببخشید؛ به اطلاع می رساند؛ با تأسف به آگاهی می رساند؛ متأسفانه؛ بدبختانه؛ از بخت بد؛ مع الأسف
(残念ながら出席できない旨を申し送る) سلام رساندن؛ نامه فرستادن و اطلاع دادن که شخص از شرکت در...معذور است
(この機会を利用できず本当に残念です) خیلی متأسفم که فرصت... ندارم/نخواهم داشت؛ مایه تأسف فراوان (م) است که امکان...نخواهم داشت؛ با عرض تأسف به آگاهی می رساند که احوال موجود/اوضاع کنونی اجازه...را (به من) نمی دهد.

し

じあい　[自愛]　（ご自愛を祈ります）؛ آرزوی تندرستی تان را دارد؛ آرزو دارم که خوش و تندرست بگذرانید.

しきゅう　[至急]　فوری؛ زود؛ بیدرنگ؛ درجا؛ بی تأخیر؛ هر چه زودتر 《封筒などに》 اکسپرس

しきょ　[死去]　（父は今晩死去致しました）با اندوه فراوان به آگاهی می رساند که پدرم امروز صبح درگذشت؛ با اندوه بسیار درگذشت پدرم را که امروز صبح واقع شد به اطلاع می رساند.

ししょばこ　[私書箱]　صندوق پستی

したい　می خواهم/می خواهد؛ امید دارد/امیدوار است (که...)؛ آرزو دارد (که...)

しだい　[次第]　（右のような次第です）مطلب/قضیه همانست/ چنانست که در بالا/پیشتر یاد شد.

（～次第）همانکه؛ همینکه؛ به محض اینکه؛ به مجرد اینکه/آنکه

しつつ　（お便りをお待ちしつつ）، در شوق دریافت نامه‌تان (می باشد) (ارادتمند،)؛ امید به دریافت هر چه زودتر نامه تان دارد، (با ارادت)

（ご多幸を祈りつつ）با آرزوهای نیک؛ کامیاب باشید؛ با آرزوی توفیق؛ موفق (و کامروا) باشید

じつは　[実は]　صادقانه عرض بکنم (که...)؛ راستش را بخواهید؛ واقع امر این است (که...)

しつれい　[失礼]　（このあいだの日曜は不在にて失礼致しました）

متأسفم که شنبه گذشته موفق به دیدنتان نشدم.

（失礼ですが同意致しかねます）، با نهایت احترامی که برایتان دارم، اجازه بدهید عرض کنم که مخالفم.

（失礼をも顧みず～する）اجازه بدهید؛ با اجازه‌تان

（失礼をも顧みずお便り差し上げます）جسارتم را در تقدیم عریضه می بخشید؛ از اینکه به تقدیم عریضه جسارت می ورزد پوزش می خواهد.

しどう　[指導]　(ご指導ご鞭撻を願います) از شما انتظار/امید راهنمایی و مشورت دارم؛ رهنمود و اندرزتان را چشم دارم/انتظار دارم.

しゃしん　[写真]　عکس؛ تصویر
(写真を一枚頂戴したいのですが) ممکن است یک قطعه عکستان را لطف کنید؟

じゃま　[邪魔]　(今日はたいへん長くお邪魔致しました) تصوّر می کنم که امروز وقتتان را زیاد گرفته‌ام؛ معذرت می خواهم که زیاد مزاحم وقتتان شدم.
(だいぶ長話をしてお邪魔致しました) ببخشید که زیاد (ماندم و) سرتان را (به) درد آوردم.
(そのうちお邪魔にあがります) یکی از همین روزها به دیدنتان/ زیارتتان خواهم آمد.
(一時間ばかりお邪魔にあがってもよろしいでしょうか/ می توانم/ اجازه می دهید که بیایم/شرفیاب بشوم و یکساعتی پیشتان/در حضورتان باشم.
(お邪魔でなければ明晩お訪ねしたいと思います) اگر برایتان مناسب باشد (می خواهم) فردا شب به دیدنتان بیایم.

しゅうしょう　[愁傷]　(ご愁傷のほどお察し申し上げます) در این ضایعهٔ ماتم زا به شما تسلیت می گوید؛ این فقدان/مصیبت غم انگیز را تسلیت عرض می کند.

じゅうたい　[重体]　(重体である.) حال مریض وخیم/خطرناک است.
(—《遠慮のない相手に》) مشرف به موت است.

しゅっさん　[出産]　(今朝男児を出産致しました) همسرم امروز صبح پسری به دنیا آورد؛ امروز صبح خداوند به همسرم و من پسری عطا فرمود.

しゅっせき　[出席]　(出席する.) حاضر شدن؛ (در...) حضور یافتن؛ شرکت کردن (در...)؛ رفتن (به)

— 245 —

（ご出席の有無折り返しご一報下さい）لطفاً با برگرداندن کارت پستی همراه اطلاع فرمایید که شرکت خواهید فرمود یا نه؛ لطفاً حضور یا عدم حضور خود را اطلاع فرمایید.

しゅっぱつ　[出発]　حرکت؛ عزیمت؛ روانه شدن؛ راهی شدن

じゅのう　[受納]　（つまらぬ物ですがご受納下さい）امید است که پیشکش ناچیزم/هدیه ناقابلم را بپذیرند.

じゅんちょう　[順調]　（順調です）شکایتی ندارم؛ به لطف شما...

しょうかい　[紹介]　（紹介する）معرفی کردن؛ شناساندن

（紹介状）معرفی نامه　（～の紹介で）با معرفی...

（《封筒などに》～氏を紹介）آقای...را معرفی می کند

（ご紹介にあずかる）افتخار دارد/خوشوقت است که حضورتان معرفی شود

（～氏を紹介致しますことは大きな喜びです）مایهٔ نهایت خوشوقتی‌ام است که آقای...را (حضورتان) معرفی کنم.

しょうかい　[照会]　تحقیق؛ پرس و جو؛ استعلام

（照会する）(از کسی دربارهٔ چیزی) استعلام کردن؛ (دربارهٔ چیزی) تحقیق کردن؛ (به کسی برای امری) مراجعه کردن؛ (از کسی) درخواست (اطلاع) کردن　（照会状）نامهٔ استعلام

（詳細は事務所宛にご照会下さい）برای (هر گونه اطلاع بیشتر از) جزئیات امر به این اداره مراجعه کنید/با این دفتر تماس بگیرید.

しょうさい　[詳細]　جزئیات؛ دقایق

じょうじゅん　[上旬]　（三月上旬）در آغاز ماه مارس؛ اوایل مارس

（来月上旬）اوایل ماه آینده

しょうしん　[傷心]　دل شکسته؛ فسرده؛ نومید

しょうそく　[消息]　خبر؛ اطلاع؛ آگهی؛ نامه

しょうたい　[招待]　دعوت

（招待する）دعوت کردن (کسی به/برای)؛ (کسی را به...) خواندن؛ گرد آوردن (چند تن از دوستان) (برای)

（招待に応じる）قبول/پذیرفتن دعوت
（招待を断る）عذر خواستن برای ردّ/نپذیرفتن دعوت
（〜に招待される）دعوت داشتن (به)؛ دعوت شدن (به)
しょうだく　**[承諾]**　（承諾する）موافقت (با)؛ رضایت دادن (به)؛ قبول کردن؛ پذیرفتن
（快く承諾する）از روی میل موافقت کردن؛ با خوشوقتی پذیرفتن
しょうのう　**[笑納]**　☞ じゅのう、つまらぬ、しるし
しょめん　**[書面]**　（ご書面の趣承知致しました）مطلب/مضمون نامه‌تان منظور نظر است؛ خواسته تان مورد توجه بایسته است؛ مطلب/مفاد نامه‌تان مورد توجه و اقدام شایسته واقع خواهد شد.
しらせる　**[知らせる]**　(به کسی) آگاهی/اطلاع دادن، (کسی را) آگاه کردن؛ (به کسی) گفتن/خبر دادن؛ (کسی را از چیزی) مطلع کردن/آگاه کردن
しるし　**[印]**　（感謝の印として）به نشانه قدرشناسی خود؛ برای ابراز امتنان خود
（ほんの印ばかりの品ですがご笑納下さい）خواهش دارد/لطفاً این پیشکش/هدیهٔ ناچیز را بپذیرید.
（軽小ながらほんのお礼の印までに差し上げます）امید است که با قبول این (هدیهٔ) ناقابل که برای سپاسگزاری ذرّه‌ای از مهرتان است بر من منت بگذارید.
しんせつ　**[親切]**　مهربانی　（親切な）مهربان
（親切に）مهربانانه؛ بامهربانی
（ご親切まことに有り難う存じました）برای مهربانیتان بسیار سپاسگزارم؛ بی‌اندازه مدیون محبتتان هستم؛ نهایت لطفتان/مهرتان است (که...)
しんてい　**[進呈]**　تقدیم
しんてん　**[親展]**　محرمانه؛ خیلی محرمانه؛ به‌کلّی سری

しんぱい　[心配]　（心配する）نگران بودن؛ دلواپس بودن (برای/
دربارهٔ/در کار)؛ دل (کسی) شور زدن؛ بیم داشتن؛ ترسیدن
じんりょく　[尽力]　（～のために尽力する）از نفوذ کسی استفاده
کردن به نفع/برای...
（よろしくご尽力願います）/استدعا دارد که نفوذ خود را برای پیشرفت
انجام شدن کارم اعمال فرمایند/به کار برند.

す

すいがい　[水害]　（この度の御地の水害に対しましてはご同情を禁
じ得ません）در مصیب سیل که به تازگی در شهرتان روی داد احساس
همدردی دارم/دارد؛ پیشامد توفان و سیل اخیر در شهرتان متأثرم کرد.
すいせん　[推薦]　（推薦する）توصیه کردن؛ سفارش کردن؛ حُسن معرفی
(کسی)؛ (کسی را) به نیکی شناساندن　（推薦状）توصیه نامه

せ

せいえい　[清栄]　خوشبختی؛ سعادت؛ نیک بختی
せいきゅう　[請求]　در خواست؛ خواهش؛ تقاضا؛ استدعا
（請求する）درخواست (کار یامقامی) کردن
（請求払い）قابل پرداخت عندالمطالبه
（支払い請求）مطالبهٔ پرداخت
せいねんがっぴ　[生年月日]　تاریخ تولد شخص
せいふく　[正副]　（正副二通）نسخهٔ اصل و رونوشت
（履歴書は正副二通提出のこと）شرح حال باید در دو نسخه داده شود.
せつ　[節]　（こちらへお出かけの節は是非お立ち寄り下さい）
اینطرفهاکه آمدید، سری به اینجا بزنید؛ اگر راهتان به اینطرفها افتاد،
سراغی از من بگیرید.
（荷物引き渡し遅延の節はどうぞ代理店へお申し越し下さい）اگر در

تحویل آن تأخیر شد، لطفاً با نمایندگان بنگاه/شرکت تماس بگیرید.

せつに [切に] (切に望む) صمیمانه آرزو دارد (که...)؛ امید است (که...)

(切にお願いする) استدعا دارد (که...)؛ متمنی/مستدعی است (که...)

ぜひ [是非] به هر وسیله؛ هر طور شده است؛ البته

(是非おいで下さい) حتماً/البته/باید تشریف بیاورید.

(是非参りたいと思います) امید دارم که هر طور شده است شرفیاب بشوم؛ امیدورم که در هر حال خدمت برسم.

せわ [世話] (大変お世話になりました) برای یاری مهرآمیزتان سپاسگزارم؛ به‌نهایت مدیون مساعدت صمیمانه‌تان می باشد؛ بی اندازه مدیون/سپاسگزار لطفتان هستم.

(〜のお世話で) به لطف (یاری) (کسی)

ぜんかい [全快] (全快する) کاملاً (کامل) یافتن/پیدا کردن؛ بهبود خوب شدن؛ شفا یافتن؛ تندرستی خود را کاملاً باز یافتن

(ご全快をお慶び申し上げます) شادباش صمیمانه (ام را) به مناسبت بهبودتان تقدیم می دارم.

せんげつ [先月] ماه پیش؛ ماه گذشته

(先月の27日に) بیست و هفتم ماه پیش؛ روز ۲۷ ماه گذشته

せんじつ [先日] (先日来病に臥せっております) برای چند روزی بستری شده‌ام؛ چند روزی است که بیمار و بستری هستم/شده‌ام.

せんしゅう [先週] هفتهٔ پیش؛ هفتهٔ گذشته

(先週の金曜) جمعهٔ پیش؛ جمعهٔ گذشته

せんぱん [先般] چند روز پیش؛ چندی پیش؛ مدتی پیش؛ (چند) مدتی

ぜんびん [前便] آخرین نامه؛ نامهٔ پیشین؛ نامهٔ اخیر شخص

(前便をもってご通知申し上げたように) در نامهٔ اخیرم اطلاع دادم (که)

せんやく [先約] مشغله؛ گرفتاری؛ قرار قبلی

（先約がある） گرفتار بودن؛ قرار قبلی داشتن
（先約のため残念ながらご招待に応じかねます） متأسفانه قراری که از پیش دارم/گذاشته ام مانع پذیرفتن دعوت مهرآمیزتان است.

ぜんりゃく　［前略］　بیدرنگ؛ (که…) بی تأخیر به اطلاع می رساند (که…) مستحضر می دارد

そ

そうい　［相違］　（右の通り相違ありません） تصدیق/تأیید می کند که مراتب یاد شده تماماً درست است؛ درستی/صحت تمامی مراتب یاد شده را تصدیق می کنم.

そうべつ　［送別］　خدا حافظی؛ وداع؛ بدرود (گفتن)

そくたつ　［速達］　（速達郵便） پست اکسپرس؛ پست (تحویل) سریع
（速達の手紙） نامهٔ اکسپرس　（速達で） با پست اکسپرس/سریع

そしな　［粗品］　（粗品ですがお受け取り下さい） امیدوارم که این هدیهٔ ناچیز را بپذیرید؛ با قبول این پیشکش ناقابل بر من منت بگذارید.

そつぎょう　［卒業］　فارغ التحصیل؛ دانش آموخته
（卒業する） فارغ التحصیل شدن؛ به پایان رساندن دورهٔ…؛ تمام کردن (دورهٔ درسی)؛ به سر رساندن تحصیل در…؛ بیرون آمدن (از مدرسه/دانشگاه)

そのうちに　［その内に］　《近いうちに》 به‌زودی؛ قریبًا؛ یکی از همین روزها؛ در آیندهٔ نزدیک　《他日》 روزی
《その間に》 در این حال؛ در همان حال؛ در همین حال؛ همزمان
《時が来れば》 در وقتش؛ به موقعش؛ به موقع خود

そのご　［その後］　از وقتیکه؛ در این مدت
（その後いかがですか） این مدت را چگونه گذرانده‌اید؛ امیدوارم که حالتان خوب است/تندرست بوده‌اید.

ببخشید که مدت زیادی نامه نداده‌ام؛ (その後ご無沙汰しています)
عذر می خواهم که مدت مدیدی است که (به شما) نامه ننوشته ام.

た

たいいん　[退院]　(退院する) از بیمارستان درآمدن؛ از بیمارستان مرخص شدن

だいきん　[代金]　(代金を受け取る) دریافت مبلغ/وجه (بهای…)
(代金を催促する) (از کسی) مطالبه پرداخت/بها کردن
(代金と引き換えに) دربرابر پول/وجه
(代金引換郵便で小包を送る) بسته را به صورت پرداخت درموقع تحویل فرستادن

たいけい　[大慶]　سعادت عظیم/عظمی؛ کمال/نهایت خوشوقتی
(めでたくご卒業の由大慶の至りです) فارغ التحصیل شدن توفیق آمیزتان را تبریک می گویم.

だいひょう　[代表]　(代表して) از طرف/از سوی؛ به جای

だくひ　[諾否]　بله یا نه؛ آری یا نی؛ قبول یا رد؛ رضا یا منع؛ پذیرفتن یا امتناع؛ پاسخ نهایی/قطعی
(諾否ご一報下さい) لطفاً بگویید/اعلام دارید که این را می پذیرید یا نه.

たちよる　[立ち寄る]　به دیدن کسی رفتن؛ به در خانهٔ کسی رفتن؛ (به کسی یا جایی) سر زدن؛ (از کسی یا جایی) دیدن کردن؛ سراغی (از کسی) گرفتن؛ احوالی از کسی پرسیدن

たのしみ　[楽しみ]　(～を楽しみにする) آرزو داشتن/کردن؛ امید… داشتن　(～を楽しみにして) در انتظار…؛ در شوق…
(お手紙を楽しみにしております) در اشتیاق دریافت نامه‌تان هستم؛ در شوق اطلاع از حال تندرستی تان هستم.
(お目にかかれるのを楽しみにしております) با اشتیاق دیدارتان؛ شوق

دیدارتان را دارم.

(当地での生活を楽しんでおります) در اینجا به راستی به من خوش می گذرد.

たぼう　[多忙]　(多忙である) گرفتار بودن؛ مشغول بودن؛ کار زیاد داشتن؛ پرمشغله بودن؛ سخت درگیر (کاری) بودن؛ تمام وقت مشغول بودن؛ سخت زیر بار کار بودن؛ در فشار کار بودن

(多忙のため) به علت فشار کار

ため　《目的》 برای؛ به منظور؛ تا اینکه

《原因・理由》 چون؛ به علت؛ زیرا (که)؛ به دلیل؛ به موجب؛ از آنجا که؛ برای (اینکه)؛ از طریق؛ به وسیلهٔ؛ با؛ به واسطهٔ؛ در نتیجهٔ؛ به‌خاطر

《利益》 به نفع؛ به سود؛ از طرف؛ از سوی

たより　[便り]　(便りがある) خبر یافتن از؛ نامه دریافت کردن از؛ نامه/اطلاع رسیدن (از)

(便りのないのはよい便り) این هم که جوابی ننویسند جوابی است.

たんじょうび　[誕生日]　(誕生日を祝う) جشن گرفتن روز/سالگرد تولد کسی

(誕生日の贈り物) هدیهٔ روز/سالگرد تولد

(誕生日おめでとうございます) در این مناسبت فرخنده آرزوهای نیکم را تقدیم می کنم؛ دراین روز خجسته آرزوی شادی فراوان برایتان دارم.

(お誕生日のお祝いにどうぞ記念品をお納め下さい) امیدوارم که این هدیه ناقابل را برای تبریک تولدتان بپذیرید؛ با این هدیهٔ ناچیز آرزوهای صمیمانه‌ام را برای سعادت و شادی روز افزونتان تقدیم می دارم.

ち

ちえん　[遅延]　（遅延なく）بیدرنگ؛ بی تأخیر
（貴信に対し当方よりの返書の遅延は～がその原因でした）تأخیری که در عرض پاسخ شد/پیش آمد، به علت...بوده است.

ちかいうちに　[近いうちに]　به زودی؛ یکی از همین روزها؛ در آیندهٔ نزدیک؛ قریباً؛ عنقریب؛ زود

ちかごろ　[近頃]　تازگی (ها)؛ به تازگی؛ اخیراً؛ اینروزها؛ در این ایام؛ در این ولاء؛ امروزه
（近頃いかがですか）این روزها چطور می گذرد؟

ちかづき　[近づき]　（お近づきになれましてこの上ない喜びです）
بسیار خوشوقتم که خود (م) را به شما/جنابعالی معرفی کنم؛ مایهٔ مباهات این کمترین است که خود را حضورتان معرفی کند.

ちゅうじゅん　[中旬]　（十月中旬に）در نیمهٔ ماه دهم؛ در نیمهٔ اکتبر
（来月中旬頃）حدود نیمهٔ ماه آینده؛ نیمه های/اواسط ماه آینده

ちゅうしん　[衷心]　（衷心から）قلباً؛ صمیمانه؛ خالصانه؛ از صمیم قلب؛ از ته دل؛ با همهٔ قلب؛ با همهٔ وجود
（衷心からの）قلبی؛ صمیمانه

ちゅうもん　[注文]　（《会社へ品物を》注文する）دستور خرید (چیزی از بنگاهی) دادن؛ سفارش دادن (چیزی به فروشگاه یا بنگاهی)
（注文品）اجناس سفارش داده شده
（ご注文あり次第直ちに）به محض/با دریافت سفارش شما

ちょうし　[弔詞]　نامهٔ تسلیت؛ پیام همدردی؛ عبارت/سخن تسلیت
（心から弔詞を申し上げます）لطفاً تسلیت صمیمانه‌ام را بپذیرید.

ちょうだい　[頂戴]　☞ いただく

つ

つい　（ついこの頃）　همین تازگیها
（つい先だって）همین چند روز پیش
（つい昨日のことのように思われます）پنداری/گویی که دیروز بود.
（切手を貼るのをつい忘れる）از (روی/ سر) بی دقتی تمبر روی آن نزدم.
（つい長居してしまいました）بی آنکه بخواهم، زیاد/بیش از اندازه آنجا ماندم.
ついしん　[追伸]　پی نوشت؛ بعد التحریر
ついて　از؛ دربارهٔ؛ در مورد؛ راجع به؛ درباب؛ در خصوص
ついで　سر فرصت؛ ضمناً
（おついでの節に）اگر ضرورت مهم دیگری ایجاب کرد؛ هرگاه مناسبت (ی) پیش بیاید
つうち　[通知]　یاد آوری؛ اطلاع
（通知する）　(به کسی) یادآوری کردن (در چیزی)؛ خاطرنشان ساختن؛ (امری را به کسی) یادآوری کردن/اطلاع دادن؛ (امری را) به نظر (کسی) رساندن؛ (کسی را از چیزی) آگاه کردن/مطلع ساختن
（通知を受ける）(چیزی را)　(به کسی) یادآور شدن
（通知のあり次第）به رسیدن اطلاع از کسی (بیدرنگ)
（追って通知あるまで）تا اطلاع ثانوی/بعدی/دوباره/مجدد
（ご通知申し上げます）؛ اجازه می خواهد به آگاهی برساند (که...)؛ مستحضر می دارد (که...)؛ مطلع می سازد (که...)؛ به اطلاع می رساند (که...)
（～という通知がありました）(به کسی) اطلاع رسیده‌است که...
（～の次第をここにご通知申し上げます）به اینوسیله به آگاهی می رساند که...؛ به این وسیله مستحضر می دارد که...
（変更の都度ご通知致します）در صورت تغییر وضع، مراتب/موضوع

را به اطلاعتان خواهد/خواهم رساند.

つきひ　[月日]　(月日のたつのは早いものですね) وقت چه تند/ زود می گذرد؛ زمان چون باد می گذرد؛ وقت به تندی برق می گذرد.

つく　[着く]　(小包今朝着きました) بسته‌تان امروز صبح (به من) رسید؛ بسته‌ای که فرستاده بودید امروز صبح تحویل شد.

づけ　[付]　(今月５日付の手紙) نامهٔ مورخ ۵ ماه جاری؛ نامه به تاریخ ۵ این ماه

つごう　[都合]　(都合のよい時に) در فرصت مناسب؛ هر گاه که فرصت داشته باشید؛ هرگاه که برایتان مناسب باشد

(もしご都合よければ７時に会いましょう) اگر موافقید/اگر برایتان مناسب است، ساعت ۷ ملاقات کنیم.

(都合よい) مناسب؛ راحت

(ご都合お知らせ下さい) لطفاً وقتی/ترتیبی را که برایتان مناسب است اطلاع بدهید.

(ご都合つき次第) در نخستین فرصت مناسب

(時間の都合をつける) ترتیب دادن وقت؛ قرار دادن وقت (به طور مناسب)؛ قرار مناسب گذاشتن

(明日ご都合がつきませんか) آیا می توانید فردا فرصتی (برای این کار) کنار بگذارید؛ آیا می توانید ترتیبی بدهید که فردا (برای این کار) فراغت داشته باشید؟

(何とか時間の都合をつけて出席する) وقت/فراغت پیدا کردن برای حضور در جلسه‌ای

(会には何とかご都合してご出席下さい) می شود ترتیبی بدهید/فرصتی برای خود بگذارید که در این جلسه شرکت کنید/حضور یابید؟

(どうも時間の都合がつかない) وقتی/فرصتی/فراغتی برای این کار نخواهم داشت؛ وقتم/کارم اجازه نمی دهد.

(何かの都合で) به دلیلی؛ به علتی

(一言添えて下さると大変都合がいいのですが) حرف شما اثر بسیار

خوبی خواهد داشت.
（一身上の都合により） به دلایل شخصی/خصوصی
（家事の都合により） به دلایل/موجبات خانوادگی
（都合によっては；その時の都合で） به واسطهٔ مقتضیات؛ بنا بر اوضاع و احوال؛ بنا بر مورد؛ بر حسب مورد؛ به اقتضای مورد
（都合よく） خوشبختانه؛ از بخت نیک/خوش/مساعد؛ با موفقیت؛ به طور مناسب؛ در احوال مساعد
（都合よくいけば） اگر اوضاع و احوال مقتضی باشد

つたえる [伝える] （よろしくお伝え下さい） لطفاً سلام مرا به ایشان برسانید؛ سلام و عرض احترام مرا به ایشان برسانید؛ سلام و تحیات خالصانه‌ام را به ایشان ابلاغ فرمایید.

つつしんで [謹んで] （謹んで申し上げます） اجازه فرمائید به عرض برسانم (که…)
（謹んで哀悼の意を表します） تسلیت عرض می کند/می کنم؛ مراتب تسلیت خالصانه به عرض می رساند.

つまらぬ （つまらぬ物ですが《ご受納下さい》） چیز بسیار ناقابلی است؛ هیچ قابل شما را ندارد (اما امیدوارم که آنرا بپذیرید)؛ امیدوارم که با قبول این هدیهٔ ناچیز بر من منت بگذارید/قرین امتنانم بفرمایید.

つもり （〜するつもりです） قصد (انجام دادن کاری) داشتن؛ تصمیم (به انجام دادن کاری) داشتن
（〜するつもりで） با این نیت که…؛ به منظورِ؛ به قصدِ

て

ていちょうな [鄭重な] مؤدبانه؛ تعارف آمیز؛ محترمانه؛ احترامی
（友情溢れる鄭重なお言葉） بیان مؤدبانهٔ احساسهای دوستانه؛ بیان تعارف آمیز احساس صمیمیت

ておち [手落ち] （それは私の手落ちです） تقصیر/قصور از من بوده

است؛ (من خود) سزاوار سرزنش هستم؛ در این کار من (خود) سزاوار نکوهشم.

てがみ　[手紙]　نامه؛ مرقومه؛ کاغذ؛ دستخط
《敬語として》عریضه؛ رقیمه؛ ملطفه
(手紙は延ばせば延ばすほど書きにくくなる) هر چه در نوشتن نامه بیشتر تأخیر شود، این کار سخت تر می شود.

できるだけ　(できるだけ早く) هر چه زودتر؛ با تأخیر هر چه کمتر؛
در نخستین فرصت
(できるだけの援助) با نهایت یاری ممکن

てすう　[手数]　(お手数ながら) می بخشید که زحمت می دهم،
(اما...)؛ از تصدیقی که می دهد عذر می خواهد، (اما...)؛ با عرض معذرت از مزاحمت به آگاهی می رساند (که...)؛ ممکن است زحمت افزا شوم (که...)؛ اجازه می خواهد تصدیع بدهد(که...)

てまどる　[手間取る]　وقت گرفتن؛ دیر شدن؛ تأخیر شدن؛ دیر کشیدن؛
کند کاربودن؛ بطئی بودن

でむかえる　[出迎える]　پذیرفتن؛ ملاقات/دیدار/استقبال کردن؛
در ورود (کسی) به استقبال/خوشامد/خوشامدگویی (او) رفتن

てんきょ　[転居]　(転居先) نشانی تازهٔ کسی
(転居通知) آگهی تغییر محل؛ اعلام نقل مکان؛ آگهی تغییر نشانی
(今度転居致しましたからご通知致します) به تازگی نقل مکان کرده‌ام و با این نامه/به اینوسیله نشانی تازه‌ام را اطلاع می دهم.
(今般表記の所へ転居致しました) به تازگی به نشانی‌ای که در بالای این برگ نوشته است جابه‌جا شده‌ام.

でんごん　[伝言]　(お父さまによろしく御伝言下さい) سلام گرم مرا حضور پدر ارجمندتان/والد گرامی برسانید؛ حضور پدر گرامیتان عرض سلام دارد.
(伝言を頼まれる) حامل پیام (وسلامی) بودن؛ در خواست رساندن سلام

و احترام (به دیگران)
てんそう [転送] به نشانی دیگر فرستادن
てんにん [転任] （私儀この度転任致しました） به سمت/مقام تازه‌ای منصوب شده‌ام.
（この度ニューヨーク事務所へ転任になりました） به دفتر (شرکت/اداره در) نیویورک منتقل شده‌ام.
でんぽう [電報] تلگرام （電報で） تلگرافی
（電報を打つ） تلگراف فرستادن/کردن/زدن
（結果を電報で知らせて下さい） لطفاً نتیجه را به من تلگراف کنید.
でんわ [電話] （電話で） تلفنی
（電話をかける） تلفن کردن/ زدن (به کسی)
（電話で呼び出す） کسی را در تلفن خواستن （電話番号） شماره تلفن

と

といあわせ [問い合わせ] پرس و جو؛ استعلام؛ درخواست اطلاع؛ استفسار
（安否を問い合わせる） پرس و جو کردن در بارهٔ کسی؛ جویا شدن از حال (تندرستی) کسی
（お問い合わせの品） چیزی که در بارهٔ آن استعلام کرده اید
どうけい [同慶] （めでたくご卒業の由ご同慶の至りです） فارغ التحصیل شدن شما/جنابعالی را صمیمانه/از ته دل تبریک عرض می کند.
どうじょう [同情] （ご同情申し上げます） لطفاً همدردی مرا بپذیرید. （同情する） (با کسی) همدردی کردن/نشان دادن
（深甚なるご同情） همدردی صمیمانه
（深甚なる同情の意を表します） صمیمانه همدردی عرض می کند/ می کنم.
どうぞ لطفاً؛ خواهش می کنم؛ استدعا دارد/دارم؛ مرحمةً؛ تقاضا می شود

(どうぞまたおいで下さい) لطفاً باز تشریف بیاورید/سرافراز کنید.
(どうぞよろしく《紹介されたとき》) از آشنا شدن با شما خوشوقتم.
どうふう **[同封]** (同封書類) ضمیمه‌ها؛ ضمایم؛ پیوست‌ها؛
(同封で送られる) به پیوست فرستادن محتوای…؛ همراه…
(〜の小切手を同封します) چکی به مبلغ…همراه این نامه/به پیوست فرستاده/تقدیم می شود؛ چکی به مبلغ…پیوست است.
どうりょう **[同僚]** همکار
ところ (こちらからお詫びしなければならないところです) منم که باید از شما عذر بخواهم، نه شما؛ جا دارد که من از شما پوزش بخواهم، نه شما از من.
とりあえず **[取りあえず]** در اولین فرصت (کار بایسته خواهم کرد)
(取りあえずお詫び申し上げます) عجالةً به این وسیله عذر خواهی می کند.
(取りあえず書中をもってお見舞い申し上げます) در نخستین فرصتی که یافته‌ام با این نامه جویای حالتان می شوم/شدم (تا سر فرصت به عیادت بیایم).
とりいそぎ **[取り急ぎ]** (取り急ぎご通知申し上げます) بی تأخیر موضوع را به آگاهیتان می رساند؛ بی درنگ آگاهتان می دارد.
(取り急ぎご返事申し上げます) بی تأخیر به نامه تان پاسخ می گوید؛ بیدرنگ به ارسال پاسخ به نامه‌تان می پردازد.
どりょく **[努力]** (できるだけ努力する) نهایت سعی خود را کردن؛ همهٔ مساعی ممکن را به کار بردن؛ به نهایت کوشیدن؛ بذل منتهای تلاش/جهد؛ نهایت/منتهای رنج را برخود هموار کردن

な

ながらく　[長らく]　مدید؛ طولانی؛ دراز؛ مدت مدیدی/درازی؛ دیرزمانی

（長らくご無沙汰致しました）عذر می خواهم که مدت مدید نامه ننوشته‌ام؛ ببخشید که مدت طولانی است که از خود خبری نداده‌ام.

なくなる　تمام شدن؛ گم شدن؛ ازدست رفتن

（余白がなくなりました）. کاغذ به ته رسید (و سخن به پایان نرسید).

（熱はなくなった）. تب (ش) بریده است؛ دیگر تب ندارد.

なくなる　[亡くなる]　درگذشتن؛ جان سپردن

なし　《有無の記入欄に》نه؛ خیر

《アンケートなどの欄に》（ノーコメントの意で）از (سخن) گفتن معذورم؛ از اظهار نظر معذورم.

なにとぞ　[何卒]　☞　どうぞ

なにより　[何より]　（ご丈夫の由何よりです）از (دریافت) مژده تندرستی‌تان بی اندازه خوشحالم.

（何よりの品を有り難うございました）برای هدیهٔ بسیار زیبایتان متشکرم؛ برای پیشکش بسیار نفیستان ممنونم.

なるべく　（なるべくなら）مرجحاً؛ در صورت امکان

（なるべく早く）هر چه سریع تر؛ در اسرع وقت؛ با تأخیر هر چه کمتر؛ هر چه زودتر؛ در اولین فرصت (ممکن)؛ در نخستین فرصتی که پیش آید

なんと　[何と]　（何と言ってお礼申してよいかわかりません）سخن/ زبانم از بیان تشکر قاصر است؛ نمی دانم چگونه می توانم چنانکه باید تشکر کنم.

に

にゅういん　[入院]　（入院する）رفتن به بیمارستان؛ روانه داشته شدن/ فرستاده شدن به بیمارستان

（入院中である）در بیمارستان بستری بودن

ね

ねがう　[願う]　（それは願ってもないことです）قبول پیشنهادتان مایهٔ خوشبختی‌ام است؛ برایم چه بهتر از پیشنهادتان؛ بهتر از پیشنهادتان چیزی مناسب حالم نیست.

（長くご交際を願います）امیدوارم که توفیق/سعادت مراودهٔ طولانی با شما داشته باشم؛ امیدوارم که مودت میانمان بردوام باشد.

（早速ご返事を願います）لطفاً با پاسخ سریعتان مرا مدیون لطف خود سازید.

（お供させて頂ければ願ったりかなったりです）البته همراه بودن با شما مایهٔ نهایت خوشحالیم خواهد بود.

（ご便宜をお与え下さいますよう願い上げます）هر یاری و مرحمتی که (دربارهٔ کسی) بفرمایید لطفی است که نسبت به من روا داشته اید؛ ممکن است لطفی درباره‌ام بفرمایید؟

（お願いがあるのですが）می خواهم از جنابعالی خواهشی بکنم؛ خواهشی از حضورتان دارم.

ねんが　[年賀]　شادباشهای نوروزی؛ تحیّات سال نو

（年賀状）کارت تبریک/سال نو؛ کارت نوروزی

（年賀状有り難うございました）برای شادباش/تبریک نوروزیتان بسیار متشکرم.

（喪中につき年賀欠礼致します）چون خانواده‌مان امسال سوگوار است، از برگزار کردن مراسم سال نو (و عرض تبریک) معذور است.

ねんのため　[念のため]　یقین کردن (در)؛ مطمئن شدن(از امری)

（念のためご通知致します）؛ اجازه بفرمائید خاطر نشان سازم (که...)
احتراماً خاطر عالی را معطوف می دارد (که...)

は

はいけい　[拝啓]　با عرض سلام؛ با درود فراوان

はいさつ　[拝察]　☞　さっする

はいすう　[拝趨]　（拝趨する）ملاقات کردن؛ دیدار کردن؛ به دیدن (کسی) رفتن
（拝趨の上）درموقع/هنگام دیدار شما؛ هنگامی که شما را ببینم

はいどく　[拝読]　（お手紙拝読致しました）وصول نامه‌تان را اعلام می دارد؛ نامه‌تان را با مسرت و امتنان دریافت کردم؛ نامه‌تان را هم اکنون دریافت کردم و از خواندن آن خوشحال شدم؛ نامه‌تان را خواندم و بر دیده نهادم.

はがき　[葉書]　کارت پستی؛ کارت پستال
（葉書で）به وسیلهٔ/با کارت پستی　（葉書を出す）کارت پستی فرستادن
（往復葉書）کارت پستی منضم به کارت جوابیه

はやばや　[早々]　（この度出火に際しましては早々とお見舞い賜り有り難うございました）برای رسیدگی فوری‌تان به قضیه آتش سوزی اخیر بسیار متشکرم/متشکر است.

ばんしょう　[万障]　（万障お繰り合わせの上おいで下さい）امیدوارم که در میان کارهای زیادتتان وقتی هم برای سرافراز کردن ما پیدا بکنید.

ひ

ひさしく [久しく] (久しくご無沙汰致し申し訳ありません)
باید (از حضورتان) عذر بخواهم که مدت زیادی است که نامه ننوشته‌ام/ نداده‌ام؛ از تأخیر بسیار که در تقدیم نامه شد پوزش می‌خواهد.

ひづけ [日付] تاریخ؛ تاریخ گذاشتن
(日付のない手紙) نامهٔ بی تاریخ
(5月10日付の手紙) نامه‌ای به تاریخ روز ۱۰ ماه ۵؛ نامه‌ای مورخ (روز) ۱۰ ماه مه

ひっこし [引越] ☞ てんきょ

ひとかたならぬ [一方ならぬ] فوق العاده؛ عظیم؛ فراوان
(一方ならず) بسیار زیاد؛ بی اندازه؛ بی نهایت؛ خیلی زیاد
(一方ならぬご好意にあずかり厚くお礼申し上げます) برای لطف بی‌اندازه‌تان بسیار سپاسگزارم؛ زبان و قلم قادر به بیان سپاس از لطف عظیمتان نیست؛ شکر الطافتان در زبان و بیان نگنجد.

びりょく [微力] (微力ながら؛微力の及ぶ限り) در نهایت امکان؛ با حد اکثر توان/توانایی ناچیزم؛ تا آنجا که از من برآید

ふ

ふぁくす [ファクス] نمابر/فاکس
(ファクスを送る) نمابرفرستادن؛ فاکس فرستادن/کردن/زدن

ふあんない [不案内] بیگانه؛ غریبه؛ ناآشنا

ふうとう [封筒] پاکت؛ لفاف

ふさがる [塞がる] (来週の火曜は塞がっています) برای سه شنبهٔ هفتهٔ آینده قرار قبلی دارم؛ سه شنبهٔ آینده آزاد نیستم/مشغولم.

ぶじ [無事] (無事で達者で) صحیح و سالم
(品物は全部無事に着きました) همهٔ اجناس/کالا به وضع خوبی رسید.

ふす [伏す] (伏してお願い申し上げます) به انگیزهٔ مراحمتان

— 263 —

درخواست می شود (که)؛ عاجزانه استدعا می شود/دارد/دارم (که)
ふつうびん　[普通便]　پست عادی
《航空便に対して》 پست زمینی ــ دریایی
ふで　[筆]　（筆をとる） نوشتن؛ تحریر کردن؛ قلمی کردن
（筆を置く） ختام؛ به سر رساندن؛ به پایان رساندن
（筆無精） در (نامه) نوشتن تنبل/ضعیف/ناتوان بودن؛ اهل قلم نبودن؛ در نوشتن خوب نبودن
（筆まめな人） اهل مکاتبه؛ چابک دست در نامه نوشتن؛ آدم خوش مکاتبه
（筆まめである） چابک قلم بودن؛ قلم در پر شال داشتن؛ دست به نوشتن (خوب) داشتن؛ قلم به دست بودن
ふほんい　[不本意]　（不本意ながら） با اکراه؛ از روی اکراه/ بی‌میلی؛ با ناراحتی؛ بر خلاف میل/تمایل (شخصی)
（まことに不本意ながら） با اکراه تمام؛ از روی نهایت بی میلی؛ بر خلاف میل باطنی خود
（不本意ながら出席致しかねます） حیف/افسوس که نمی توانم در این ملاقات شرکت کنم/حضور یابم؛ متأسفانه از آمدن معذورم.
ふゆきとどき　[不行き届き]　（不行き届きの点は幾重にもご容赦願います） برای قصوری که در خدمت داشته‌ایم پوزش فراوان می خواهیم؛ مراتب پوزش ما را برای تقصیرمان در خدمت بپذیرید.
ふりょ　[不慮]　غیر منتظره؛ برخلاف انتظار؛ به‌طور پیش بینی نشده؛ نابهنگام
ぶれい　[無礼]　بی ادبی
ぶんつう　[文通]　（～と文通を始める） آغاز/شروع مکاتبه با…؛ وارد شدن به مکاتبه با…
（～と文通を続ける） ادامهٔ مکاتبه/نامه نگاری با…
（文通の友） دوست مکاتبه‌ای

へ

べっし　[別紙]　پیوست؛ ضمیمه؛ برگ پیوست؛ برگ همراه
(別紙の) به پیوست؛ به ضمیمه

べつびん　[別便]　(別便で) باپست جداگانه/ دیگر؛ درپاکت/بسته جداگانه

べんぎ　[便宜]　تسهیلات

へんじ　[返事]　پاسخ؛ جواب
(ご返事をお待ちしています) لطفاً با فرستادن پاسخ/با ارسال جواب مفتخرم فرمائید.؛ در انتظار پاسختان خواهم بود.
(ご返事をお待ちしつつ) امید به دریافت پاسخ دارم/دارد؛ چشم به راه پاسختان است/دارد.　(良いご返事) پاسخ مساعد
(折り返しご返事を願います) خواهشمند است با ارسال کارت پستی پیوست پاسخ دهید؛ لطفاً نامهٔ پاسخ مرقوم فرمایید.
(手紙の返事を出す) پاسخ دادن به نامه‌ای؛ جواب دادن به نامه‌ای
(ご返事申し上げます) در پاسخ (نامه تان) به آگاهی می رساند (که...)

へんしん　[返信]　پاسخ؛ جواب
(返信用葉書) کارت (پستی) جواب
(返信として) در پاسخ به نامه‌ای
(返信料として百円切手を封入して下さい) صد ین تمبر برای هزینهٔ پست (کارت) جواب نامه/درخواست‌تان بفرستید.

ほ

ほど　(今後よろしくご指導のほど願い上げます) در انتظار/چشم به راه رهنمودتان است؛ امید و استدعای راهنمائی از حضورتان دارد.

ほんじつ　[本日]　امروز؛ اکنون؛ حال؛ حالا
(本日はこれにて失礼します) امروز جز این عرضی نیست؛ امروز بیش ازین مصدّع نمی شود.

ほんの　（ほんのお礼のしるしまでに林檎一箱お送り致します）یک جعبه سیب که هدیه‌ایست ناچیز به نشانهٔ امتنانم/سپاسم تقدیم (حضورتان) می شود.

ま

まえもって　［前もって］　پیشاپیش؛ از پیش؛ پیشتر
（前もって通知する）پیشاپیش یاد آوری کردن (چیزی) به کسی
（前もってお礼を申し述べておきます）پیشاپیش، امتنانم را تقدیم می دارم

まことに　［誠に］　به راستی؛ واقعاً؛ حقیقةً
（誠に申し訳ありません）صمیمانه/صادقانه از شما معذرت/پوزش می خواهم.
（それは誠にお気の毒です）خیلی متأسفم که این را می شنوم.

まさに　（お手紙正に落手致しました）/نامه تان را به موقع دریافت زیارت کردم؛ از لطفتان به هنگام برخوردار شدم.
（安藤様　金一万円正に受領致しました）مبلغ ۱۰,۰۰۰ ین از آقای اندو دریافت شد.

まつ　［待つ］　（ご返事をお待ちしています）در شوق دریافت پاسخ هستم؛ اشتیاق رسیدن نامه و دریافت مژده سلامتتان را دارد.

まっぴつ　［末筆］　（末筆ながら）مطلب/سخن آخر که آنهم اهمیت نخستین دارد...؛ و، مهم تر از همه/هر چیز...
（末筆ながら皆様のご健勝を祈ります）و، مهم تر از همه، با آرزوی نیک برای جنابعالی و خانوده ارجمندتان.../گرامیتان.

まねき　［招き］　（招きによって）به دعوت (کسی)
（お招きにあずかりかたじけなく存じます）برای دعوت صمیمانه‌تان متشکرم.

まんぞく　［満足］　رضایت؛ موافقت؛ توافق

み

み　[身]　（身に余る）شایسته نبودن؛ بیش از آنچه کسی سزاوار است؛ بیش از حد استحقاق

（それは身に余る名誉です）شایسته این افتخار نیستم؛ این افتخار (که ارزانی فرموده‌اید) بیش از آنست که سزوار باشم.

（お言葉は身にしみて忘れません）سخنتان بر صفحه ضمیرم نقش بسته است؛ کلامتان بر لوح دلم جاودانه حک شده است.

みおくる　[見送る]　بدرقه کردن (کسی)

（長野出立の際はお見送り有り難うございました）بسیار ممنونم که هنگام عزیمتم/روانه شدنم از **ناگانو** بدرقه ام کردید.

みつもり　[見積もり]　（見積もり額）برآورد

（見積もり書）برآورد کتبی

みてい　[未定]　هنوز معیّن نشده؛ قرار داده نشده

みなさま　[皆様]　همه/همگی (شما)؛ جملگی؛ همه کس

みまい　[見舞い]　《病気の》　حال پرسی

《遭難・災害などの》ابراز مودت/اشتیاق

（見舞い状）نامهٔ احوالپرسی (دوستانه)

（病気見舞い）پرسیدن از حال بیمار

（暑中見舞い）نامه/دیدار/ملاقات احوالپرسی در فصل گرما

（見舞いに行く）به دیدن و احوالپرسی رفتن؛ به پرسیدن حال تندرستی کسی رفتن

（お見舞いを頂き有り難うございました）برای احوالپرسی مهرآمیزتان صمیمانه تشکر می کنم/سپاسگزارم.

みょうごにち　[明後日]　☞　あさって

みょうにち　[明日]　☞　あす

む

むかえる　[迎える]　(あなたをお迎えすることは大きな喜びです)
از صمیم دل/با همه وجود به شما خوشامد می گویم؛ مایهٔ نهایت خوشوقتی‌ام است که به شما خوشامد بگویم.

むじょうの　[無上の]　(無上の光栄)　نهایت/بالاترین افتخار

むり　[無理]　(こういうことをお願いするのは無理かもしれません)
اجابت/برآوردن درخواستم برایتان تقریباً غیر ممکن خواهد بود.

(私のため色々無理をして下さいました) شما فداکاریهای فراوان برایم کرده‌اید.

(ご無理なさいませんように) لطفاً خود را زیاد زحمت ندهید/در فشار نگذارید.

(その仕事は小生には無理です) این کار از من ساخته نیست؛ انجام دادن این مهم از من بر نمی آید.

め

めいふく　[冥福]　(冥福を祈る) دعا برای آرامش روح کسی؛ ((خدا بیامرز)) گفتن برای درگذشته‌ای؛ گرامی داشتن خاطرهٔ کسی

めんどう　[面倒]　(ご面倒でしょうが～して下さいませんか) اجازه می دهید که زحمت افزا شوم و خواهش کنم که...

(大変ご面倒をおかけします) مایهٔ زحمت فراوانتان می شوم.

(大変ご面倒をおかけ致しました) عذر می خواهم که شما را اینهمه به زحمت انداخته‌ام.

も

もうしこし　[申し越し]　（お申し越しの趣拝承致しました）/مفاد
مضمون نامه‌تان مورد نظر (و توجه) واقع شد؛ به مطالب نامه‌تان توجه بایسته شد.
（新カタログはお申し越し次第差し上げます）　کاتالوگ تازه‌مان را می توانید درخواست و دریافت کنید؛ کاتالوگ تازه‌مان را اگر بخواهید فرستاده/تقدیم می‌شود.

もうしこみ　[申し込み]　درخواست؛ تقاضا
（～へ申し込む）درخواست دادن به...
（申し込みに応ずる）قبول/پذیرفتن درخواست

もうしわけ　[申し訳]　（まことに申し訳ありません）　نمی دانم چه عذری بیاورم؛ نمی دانم چگونه عذر بخواهم؛ بیانم از معذرت خواستن قاصر است؛ باید از شما هزار بار پوزش بخواهم.
（～致しませず何とも申し訳ありません）از قصورم در...هزار بار عذر می خواهم.
（もっと早くご返事申し上げるべきところ遅れて申し訳ありません）
عذر می خواهم که زودتر به نامه‌تان پاسخ نداده‌ام؛ ازینکه پاسخ به نامه‌تان اینهمه دیر شد پوزش می خواهم.

もっか　[目下]　（目下のところ）اکنون؛ در حال (حاضر)؛ فعلاً؛ عجالةً

や

やくそく　[約束]　قول؛ قرار؛ وعده
（お約束を果たせず残念です）با (عرض) معذرت به اطلاعتان می رساند که نمی توانم برابر قراری که با شما دارم رفتار کنم.

やら　...و غیره؛ و از این قبیل؛ و مانند آن
（～やら～やらで）چه به علت...، چه به علت...؛ خواه برای...، خواه برای...

ゆ

ゆうよ　[猶予]　（しばらくご猶予を願う）اجازهٔ کمی مهلت خواستن؛
اندکی تأخیر خواستن؛ مهلت اندک خواستن

ゆかい　[愉快]　（愉快に時を過ごす）خوش گذشتن وقت خوش داشتن؛
（実に愉快でした）بسیار خوش گذشت؛ وقت بسیار خوشی داشتم.
（今晩は実に愉快でした）امشب به من بسیار خوش گذشت؛ شب
بسیار خوبی/خوشی/دلپذیری داشتم.

ゆきちがい　[行き違い]　（行き違いになる）مصادف/مقارن شدن با
یکدیگر
（手紙が行き違いになりました）نامه‌هایمان همزمان در راه بوده است؛
نامه‌تان با نامه‌ام مقارن بود؛ مقارن نامه‌ای که برایتان فرستادم، نامه‌تان
دریافت شد.

ゆるす　[許す]　عفو؛ معذور داشتن
（～に対し何卒お許し下さいますよう）امیدوارم مرا برای ...ببخشید/
معذور دارید؛ برای...از شما امید عفو/بخشش دارم.

よ

ようだい　[容体]　وضع بیمار

よし　[由]　（～の由）می گویند که...؛ شنیده‌ام که...
（彼は病気の由です）گویا/بنا به مسموع/از قراری که می گویند
او بیمار است.
（手紙によると来月父が来る由です）پدرم در/با نامه اطلاع داده است
که ماه آینده به/برای دیدنم می آید.
（入試に合格された由只今電報に接しました）هم اکنون تلگرامی
رسید/دریافت داشتم حاکی از اینکه در امتحان ورودی قبول شده اید؛
هم اکنون تلگرامی رسید که مژدهٔ قبولیتان را در امتحان ورودی می دهد.

よてい　[予定]　برنامه

よろこび　[喜び]　خوشوقتی؛ خوشحالی؛ شادی؛ مسرت؛ نشاط؛ تبریک؛ شادباش
(心からのお喜び) ابراز احساس مسرت قلبی خود؛ بیان صمیمانهٔ خوشحالی خود
(喜びに堪えない) قادر به جلو گرفتن از ابراز خوشحالی خود نبودن
(こんな喜ばしいことはありません) هیچ چیز خوشحال کننده‌تر از این نیست؛ هیچ چیز نمی تواند ما را به این اندازه خوشحال کند؛ چیزی مسرت آورتر ازین وجود ندارد.
(～致しますことは心からなる喜びです) با نهایت مسرت...؛ با کمال خوشوقتی...
(お喜びを申し上げます《成功に対して》) اجازه بدهید که توفیقتان را تبریک بگویم.
(—《病気回復に対して》) از بهبودتان خوشحالم و این موهبت را شادباش می گویم؛ بازیافت سلامتتان را که مایهٔ مسرت فراوان است تبریک می گوید.

よろこんで　[喜んで]　(喜んで～する) (انجام چیزی) مایهٔ خوشوقتی بودن؛ (انجام دادن کاری) با مسرت (فراوان)؛ آماده (انجام دادن کاری) بودن

よろしく　(～へどうぞよろしくお伝え下さい) لطفاً سلام مرا به/حضور...برسانید؛ لطفاً سلام و تحیّات مرا به...برسانید؛ ابلاغ سلام وارادتم رابه... از لطفتان امید دارد؛ سلام/ادعیه/عرض ادب/احترام مرا به... برسانند.
(ご主人様へもよろしくお礼申し上げて下さい) امتنان متقابل مرا (برای مهربانیشان/لطفشان) به شوهر محترمتان برسانید.
(母からもよろしく申しました) مادرم برایتان/حضورتان (عرض) سلام دارد؛ مادرم هم به شما/حضورتان سلام می رساند.
(今後ともどうぞよろしく) امید است که همچنان از عنایاتتان برخوردار

باشم؛ از یادآوریتان و لطفی که دارید خوشحالم؛ امیدوارم که (همچنان) منظور نظر عنایتتان باشم.
（そのことはよろしくお願い致します）آنرا به قضاوت و تشخیص صائب شما وا می گذارد؛ امر را به صلاحدید شما وا می گذارد؛ این امر معطوف به نظر بصیرتتان است.
よんどころない　（よんどころない事情により）بنا به موجبات بیرونی
（よんどころない事情にてせっかくのご招待お受け致しかねます）
به علت اوضاع و احوالی که از اختیار و اراده‌ام بیرون است، ناگزیر به ردّ دعوت مهرآمیزتان هستم.

ら

らいが　[来駕]　آمدن؛ تشریف آوردن؛ حضور؛ شرکت شما
（ご来駕のほど願い上げます）؛ با حضور خود سرافرازمان فرمائید؛ سعادت حضورتان را درخواست دارد؛ خواهشمند است با حضور خود ما را مفتخر فرمایید؛ با تشریف فرمایی تان به ما افتخار بدهید.
らいげつ　[来月]　ماه آینده؛ ماه دیگر؛ ماه آتی
らいしゅう　[来週]　هفتهٔ آینده؛ هفتهٔ دیگر؛ هفتهٔ بعد
（来週の月曜）دو شنبهٔ (هفتهٔ) آینده
（来週の今日）هفتهٔ دیگر/آینده همین روز
らくしゅ　[落手]　（落手する）؛ دریافت داشتن/کردن؛ وصول؛ گرفتن؛ آمدن؛ رسیدن؛ واصل شدن
（お手紙正に落手致しました）؛ نامه‌تان را به‌موقع دریافت کردم؛ نامه‌تان به‌موقع زیارت شد؛ وصول نامه‌تان را به اطلاع/به استحضار می رساند؛ نامه‌تان واصل شد.
らくたん　[落胆]　نومیدی؛ یأس؛ دلسردی
らんぴつ　[乱筆]　（乱筆お許し下さい）ببخشید که (نامه را) با عجله می نویسم؛ لطفاً ازینکه نامه را با عجله می نویسم معذورم دارید؛

می بخشید که این کاغذ را به‌ناچار با شتاب/شتابزده نوشتم (و بدخط و احتمالا پرغلط است).

り

りれきしょ　[履歴書]　شرح حال کوتاه؛ زندگینامه فهرستوار
（履歴書を添えて申し込む）تسلیم تقاضانامه؛ دادن درخواستنامه همراه با شرح حال مختصر خود

りゃくぎ　[略儀]　（略儀ながら新聞紙上をもってお礼に代えます）با شرمندگی تشکر خود را با اعلام در روزنامه حضورتان ابراز می کنم؛ با عرض معذرت امتنانم را با درج در روزنامه اظهار می کنم.

りょうしゅう　[領収]　（領収書）رسید (برگ/قبض)
（仮領収書）رسید موقت
（金八千円正に領収致しました）به‌اینوسیله وصول/رسید مبلغ ۸۰۰۰ ین (هشت هزار ین) را اعلام می دارد؛ مبلغ ۸۰۰۰ ین از (کسی) دریافت/ واصل شد.

りょけん　[旅券]　گذرنامه
（旅券を申請する）درخواست (صدور) گذرنامه کردن؛ گذرنامه گرفتن
（旅券の査証を受ける）روادید گرفتن

る

るす　[留守]　（留守中に）درمدت/طی/در اثنای غیبت کسی؛ در نبودن کسی؛ در مدتی که کسی بیرون است؛ در مدتی که کسی نیست/ غایب است
（一日二日留守にします）یک دو روز غایب خواهم بود.؛ یک دو روزی (اینجا) نخواهم بود.
（留守にして失礼しました）خیلی ببخشید که (در خانه/آنجا/اینجا) نبودم؛ ببخشید که (هنگام تشریف فرمائی‌تان) نبودم.

れ

れい　[礼]　تشکر؛ سپاس؛ قدرشناسی؛ قدردانی؛ حقشناسی؛ امتنان
（お礼を述べる）تشکر کردن از کسی (برای)؛ اظهار/ابراز تشکر کردن؛
ادای/بیان/تقدیم/عرض امتنان/تشکر کردن
（厚くお礼を述べる）(از کسی) تشکر خالصانه کردن؛ ابراز تشکر
صمیمانه کردن؛ اظهار قدرشناسی/قدردانی صمیمانه کردن
（お礼の申し上げようもございません）به‌راستی که هرگز نمی توانم
چنانکه باید از شما تشکر بکنم؛ نمی دانم چگونه می توانم از عهدهٔ
تشکر (برای مراحمتان) برآیم/بیرون آیم.
（お礼のしるしまでにお納め下さい）لطفاً آنرا/این‌را به‌نشانهٔ ذره‌ای
از امتنانم بپذیرید.
（あらかじめお礼申し上げます）پیشاپیش (مراتب) امتنانم را حضورتان
تقدیم می دارم.

れんらく　[連絡]　（手紙で連絡する）(نامه) نوشتن (به)
（なるべく早くそのことを連絡して下さい）لطفاً هر چه زودتر آگاهم
فرمایید؛ لطفاً در نخستین فرصت ممکن مطلعم سازید.
（加藤氏と連絡を取って下さい）لطفاً با آقای **کاتو**، شمارهٔ تلفن...،
تماس بگیرید.
（91–2730 番へご連絡下さい）با شمارهٔ ۲۷۳۰–۹۱ تماس بگیرید.

わ

わざわざ　（わざわざご持参下さいまして有り難うございました）
متشکرم که قبول زحمت فرمودید و اینرا به اینجا آوردید؛ برای زحمتی که
درآوردن این کشیدید/تقبل فرمودید متشکرم/ممنونم/سپاسگزارم.
（ご遠方のところをわざわざお出で下さいまして有り難うございました）
نهایت لطفتان است که با این راه دور به دیدنمان آمده‌اید؛
خیلی لطف کرده‌اید که اینهمه راه را تشریف آورده اید.

わび　[詫び]　پوزش؛ عذر؛ معذرت (برای)

(詫びる)　پوزش/عذر خواستن برای تقصیری؛ عذر آوردن (برای)؛ درخواست/تقاضای بخشش/عفو کردن

(幾重にもお詫び致します)　از شما بسیار پوزش می خواهم؛ از حضورتان درخواست عفو دارم.

(ご無沙汰を詫びる)　پوزش/عذر خواستن برای مدتها/مدت مدید نامه ننوشتن

(お詫びの申し上げようもございません)　نمی دانم چگونه عذر تقصیر بخواهم؛ نمی دانم چگونه پوزش بخواهم؛ روی معذرت خواستن ندارم؛ زبانم از معذرت خواستن قاصر است؛ عذر تقصیرم به بیان در نمی آید.

(～できなかったことに対しお詫び致します)　به اینوسیله برای تقصیرم/کوتاهیم در... پوزش می خواهم؛ در این قصورم امید به عفوتان دارم.

(お詫び申し上げなければなりません)　باید از حضورتان پوزش/عذر بخواهم.

§3. 献辞の書き方

気の利いた献辞もとっさには書けないものなので、簡単なものから順に、いくつかの例を挙げておく。なお、最初の例のように、場所や時と署名を必ず添えるようにしたい。

— هدیه نویسنده/مترجم (کتاب) به کتابخانه انجمن دوستی ایران و ژاپن
تهران، اردیبهشت ۱۳۷۹
(امضاء)

— "برگ سبزی است تحفه درویش"
پیشکش نویسنده/مترجم (کتاب) به……
— تقدیم به دوست گرامیم (جناب) آقای/(سرکار) خانم……
— هدیه ای برای دوست صاحبدل/فرزانه مهربانم……
با آرزوی بهی و شادکامی پیوسته اش/پیوسته تان
— به دوست دانشور گرامی، جناب آقای/سرکار خانم……اهداء شد
— به یادگار سالهای بسیار آشنایی ارزشمند، و به نشانه سپاسگزاری برای مهر و لطف پیوسته و بیکرانشان، به دوست گرامیم……تقدیم می شود.
— به دوست فاضل ارجمندم، سرکار خانم/جناب آقای…پیشکش شد
— به نشانه امتنان برای مهربانیهای بسیار و یاریهای بی شمار، به/حضور…پیشکش می شود.
— با توقیر و احترام، و بانهایت افتخار
به پیشگاه سرور/استاد بزرگوارم، حضرت……تقدیم می شود.

§4. 美しい手紙の例

最後に、引き締まった文章と行き届いた心配りを兼ね備えた、手書きの美しい手紙を2点、参考のために紹介しておきたい。

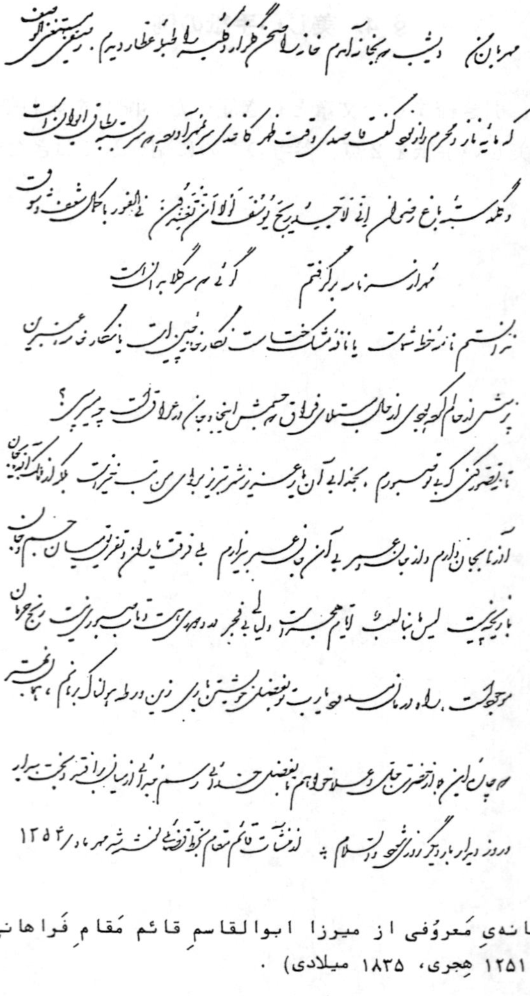

نامەی دۆستانەی مەعروفی از میرزا ابوالقاسمِ قائم مقامِ فراهانی (درگذشتەی ١٢٥١ هجری، ١٨٣٥ میلادی) .

مهربان من دیشب که به خانه آمدم خانه را صَحنِ
گُلزار و کُلبه را طَبله‌ء عَطّار دیدم. رفیقی مُستغنی-
الوَصف
که مایه‌ء ناز و مَحرَم راز بود گفت قاصدی وَقتِ ظُهر
کاغذی سر بِمُهر آورد که سَربَسته بِطاقِ ایوان است
و گُلدَسته‌ء باغِ رضوان اِنّی لاَجِدُ ریحَ یُوسُفَ لو لا...
فِی الفَور با کمالِ شَعف و شَوق

مُهر از سَرِ نامه بَرگرفتم
گویی که سَرِ گُلابدان است

ندانستم نامه‌ء خَطِّ شُماست یا نافه‌ء مُشکِ خَطاست
نگارخانه‌ء چین است یا نگارِ خامه‌ء عَنبَرین -
پُرسش از حالَم کرده بوُدی از حالِ مُبتَلایِ فِراق که
جسمش اینجا و جان در عِراق است چه میپرسی
تا نه تَصَوُّر کُنی که بی تو صَبورم، بخدا بی آن یار
عزیزِ شهر تَبریز برایِ من تَب خیز است بلکه از مُلکِ
آذربایجان آذرها بِجان دارم و از جان و عُمَر بی -
آن جان عُمر بیزارم بلی فُرقتِ یاران و تفریقِ میان
جسم و جان بازیچه نیست ... اَیّام هِجر است ولَیالی
بی فَجر دردِ دوُری هَست و تابِ صَبوری نیست رنجِ جِرمان
موجود است ، راهِ درمان مسدود یا ربِّ تو بِفَضلِ خویشتن
باری زین وَرطه‌ء هولناک بِرهانَم،   همان بهـتر
که چاره‌ء این بَلا از حضرتِ جَلّ و عَلا خواهم تا بِفَضل
خُدایی رسمِ جُدایی از میان بَر اُفتَد و بختِ بیدار
در روزِ دیدار بارِ دیگر روزی شود والسَّلام.

دوست ارجمند،

نامه مورخ ۱۱ آبان شما رسید. بسیار ممنونم و خوشوقتم از اینکه
می‌توانید که با موفقیت تحصیل خود را دنبال کنید. دو کتابی را که
لطف کرده بودید، آورده شد. موجب امتنان شد.

سفر من به چین در دو هفته قبل به خیر گذشت. اغلب مردم
که گذشته گویند، دیگر تماشای زیادی نبرد در روستاها هم آزاد شد.
با کمک آپارتمان نیز دو تا سه ماه دیگر آماده بود. خودم تصمیم دارم که دوباره
تهران رساله‌ام نشستن را آغاز کرده‌ام، ولی به علت
اقتضاب بسیار زیبایی دارد، که هم لطیف است.

خانم من به شما سلام فراوان دارد. با بهترین سلام

دوست ارجمند،

نامهٔ مورخ ۱۱ آبان شما رسید. بسیار متشکرم و خوشوقت از اینکه می توانید کارهای موافق میل خود را دنبال کنید. دو کتابی را که لطف کرده بودید، آوردند. موجب امتنان شد.

سفر من به چین دارد صورت جدی به خود می گیرد. کاغذی داشتم که نوشته بودند دعوتنامهٔ رسمی بزودی فرستاده خواهد شد. اقامت من بین دو تا سه ماه خواهد بود. خودم میل دارم که در تابستان باشد.

تهران امسال زمستان سختی را آغاز کرده است، ولی به تناوب آفتاب بسیار زیبایی دارد، که کم نظیر است.

خانم به شما سلام فراوان دارند. با تجدید سلام،

著者紹介

ハーシェム・ラジャブザーデ　1941年生。1972年テヘラン大学政治学博士号取得。大阪外国語大学客員教授。研究テーマ：中世からカージャール朝期にかけての歴史、および日本の近代化のイラン人への影響。

藤元　優子（ふじもと　ゆうこ）　1957年生。1982年大阪外国語大学大学院修士課程修了。大阪外国語大学助教授。ペルシア文学専攻。

目録進呈 　落丁本・乱丁本はお取替えいたします。

平成 12 年 10 月 20 日　　©第 1 版発行

著　者	藤　元　優　子
	ハーシェム・ラジャブザーデ
発行者	佐　藤　政　人

発行所

株式会社 **大学書林**

東京都文京区小石川 4 丁目 7 番 4 号
振替口座　　　00120-8-43740
電話　　（03）3812-6281〜3 番
郵便番号 112-0002

ペルシア語手紙の書き方

ISBN 4-475-01650-9　　　ロガータ・横山印刷・牧製本

大学書林
語学参考書

著者	書名	判型	頁数
黒柳恒男著	ペルシア語辞典	A5判	1104頁
黒柳恒男著	現代ペルシア語辞典	A5判	852頁
黒柳恒男著	日本語ペルシア語辞典	A5判	632頁
黒柳恒男著	ペルシア語四週間	B6判	616頁
岡﨑正孝著	基礎ペルシア語	B6判	224頁
蒲生禮一著	ペルシア語文法入門	B6判	240頁
黒柳恒男著	ペルシア語の話	B6判	192頁
岡﨑正孝著	ペルシア語基礎1500語	新書判	124頁
岡﨑正孝著	ペルシア語常用6000語	B小型	352頁
岡田恵美子著 L.パールシーネジャード	コンパクト・ペルシア語会話	B6判	136頁
黒柳恒男編	ペルシア語会話練習帳	新書判	208頁
岡﨑正孝	やさしいペルシア語読本	B6判	208頁
岡田恵美子編	ペルシアの民話	B6判	160頁
勝藤 猛著 H.ラジャブザーデ	ペルシア語ことわざ用法辞典	B6判	392頁
黒柳恒男訳注	薔薇園	B6判	216頁
黒柳恒男訳注	王書	B6判	152頁
黒柳恒男訳注	ハーフィズ抒情詩集	B6判	256頁
縄田鉄男著	パシュトー語文法入門	B6判	336頁
縄田鉄男編	パシュトー語基礎1500語	新書判	200頁
縄田鉄男著	ダリー語文法入門	B6判	688頁
縄田鉄男編	ダリー語基礎1500語	新書判	208頁
縄田鉄男編	バローチー語基礎1500語	新書判	176頁
縄田鉄男編	クルド語基礎語彙集	新書判	368頁
縄田鉄男編	タジク語基礎語彙集	新書判	320頁

— 目録進呈 —